SACRAMENTO PUBLIC LIBRARY
828 "I" STREET
SACRAMENTO, CA 95814

SOLOS ANTE EL CINE

CUANDO SE APAGAN LAS LUCES Y EMPIEZAN LOS SUEÑOS

> photo
> **CLUB**

SOLOS ANTE EL CINE

CUANDO SE APAGAN LAS LUCES
Y EMPIEZAN LOS SUEÑOS

PEDRO GARCÍA CUETO

Responsable editorial: Víctor Manuel Ruiz Calderón
Diseño y realización de cubierta: Celia Antón Santos
Fotografías: Todas las fotos reproducidas en el libro son © 2019 iStockphoto LP., excepto en las que se indica otro autor en el copyright.
© Textos: Pedro García Cueto
© Prólogo: Sol de Diego
© Epílogo: David Zurdo

Reservados todos los derechos. El contenido de esta obra está protegido por la Ley, que establece penas de prisión y/o multas, además de las correspondientes indemnizaciones por daños y perjuicios, para quienes reprodujeren, plagiaren, distribuyeren o comunicaren públicamente, en todo o en parte, una obra literaria, artística o científica, o su transformación, interpretación o ejecución artística fijada en cualquier tipo de soporte o comunicada a través de cualquier medio, sin la preceptiva autorización.

© EDICIONES ANAYA MULTIMEDIA (GRUPO ANAYA), 2020
Juan Ignacio Luca de Tena, 15. 28027 Madrid
ISBN: 978-84-415-4224-2
Depósito legal: M. 36.061-2019
Impreso en España

A Mariano García Vera, que me enseñó a amar el cine con pasión.

Contenido

Prólogo 15

PARTE 1. EL UNIVERSO DE VISCONTI **21**

La caída de los dioses o el universo de Mann 23

Muerte en Venecia. El clasicismo de Thomas Mann
y de Luchino Visconti: de la novela al cine 27

   Introducción 27

   La novela y la película: semejanzas y diferencias.
   La búsqueda de la belleza de un intelectual 29

   La aparición de Tadzio: un encuentro con la belleza ... 39

   La playa. Un escenario idílico para Mann y Visconti ... 45

   La huida de Venecia. Un viaje de ida y vuelta
   a la ciudad amada 49

   El nuevo simbolismo del mar, esencia de eternidad ... 53

   Las calles de Venecia. Aschenbach sigue a Tadzio
   en el enfermizo ambiente del cólera 57

   El final. La contemplación de la belleza y la muerte de
   Aschenbach en la playa 64

   Conclusiones: Mann y Visconti en *Muerte en Venecia* ... 66

El inocente, un hombre solo entre dos mujeres 69

CONTENIDO

PARTE 2. CINE NEGRO: LA SOLEDAD EN UN MUNDO OPRESIVO — 75

Deseos humanos: el destino fatal de los personajes de Lang — 77

Laura de Preminger: la soledad de una mujer fascinante — 79

Chinatown: la soledad de los setenta — 85

El largo adiós: el gran cine de Robert Altman — 87

El cine negro: cine clásico inolvidable — 89

PARTE 3. UNA MIRADA A GRANDES DIRECTORES — 91

Introducción — 93

Fritz Lang: la soledad de una sociedad mezquina — 95

La mujer del cuadro y *Perversidad:* la trampa de la soledad — 98

Algunas opiniones de otros directores sobre Fritz Lang — 101

Billy Wilder: la soledad del americano medio — 103

El apartamento: la soledad de una sociedad sin escrúpulos — 105

Wilder y el cine: un reflejo de la soledad de un hombre corriente — 109

Martin Scorsese: la mirada herida a la soledad de América — 111

La soledad de Nueva York en los años setenta — 113

Toro salvaje: una radiografía de la soledad — 121

David Lean: un recorrido por sus obras maestras — 129

La soledad de aquellos hombres épicos: *El puente sobre el río Kwai*	129
Lawrence de Arabia: el mundo épico de David Lean	133
Doctor Zhivago: una hermosa historia de amor	137
David Lean: un maestro del cine	141
PARTE 4. OTROS GRANDES DIRECTORES	**143**
El mundo onírico de Luis Buñuel	145
Víctor Erice, una poética del silencio en el cine	149
La melancolía del cine de José Luis Garci	157
La nostalgia en el cine de François Truffaut	161
El cine de Antonioni. La soledad de sus personajes	167
Antonioni: cineasta de la incomunicación	168
Un cineasta de la mirada	171
Bertolucci y el cine. Una radiografía de la soledad en *El último tango en París*	173
La dolce vita: la obra maestra de Federico Fellini. Aquellos personajes solitarios en la antigua Roma	175
Pier Paolo Pasolini: la importancia del lenguaje cinematográfico y la soledad de su universo interior	181
El cine de Pasolini. Sus primeras películas	182
La visión religiosa de Pasolini en *El evangelio según San Mateo*	184
Saló o los cientos veinte días de Sodoma: una metáfora del poder	186
Pasolini y la literatura. Sus últimas películas	187
Pasolini: un poeta de nuestro tiempo	188

PARTE 5. EL CINE A TRAVÉS DE UN GENIO — 191

La soledad de un maestro del cine — 193

- Los inicios de un genio — 193
- Welles: aspectos teóricos de su cine. Introducción — 198
- La importancia del plano en la obra cinematográfica de Orson Welles — 199
- El montaje. La clave artística para Orson Welles — 203
- La luz y el sonido: elementos técnicos y artísticos fundamentales en la obra de Welles — 205
- Conclusión — 208
- Bibliografía utilizada — 209

Conclusión — 211

- La soledad en el mundo del cine — 211

Epílogo — 213

- En compañía de Pedro G. Cueto — 213
- Bibliografía esencial — 214

Prólogo

Cuando Pedro G. Cueto, cuya obra conocía a nivel poético y narrativo, me pidió el prólogo de su libro sobre cine, nunca pude pensar que sería una obra de tal profundidad, conocimiento y densidad. Que era un buen escritor lo sabía. Pero que también era un excelente crítico cinematográfico ha resultado ser una maravillosa sorpresa. Porque, además, el libro que ahora se presenta no es solo un libro de cine. En sus páginas hay pensamiento, filosofía, elementos de comparación con el hecho literario y, sobre todo, hay un apabullante compendio de elementos diversos sobre el cine de calidad. Es por ello que, aunque la soledad en el cine sea un punto de partida, también es un punto de llegada. La soledad, valga la paradoja, acompaña siempre al ser humano en su trayecto vital. Venimos solos y solos nos vamos de este mundo, aunque en el transcurso de nuestras vidas tengamos encuentros que nos conforten, compañías humanas que hagan más llevadero el tránsito. Pero, en lo esencial, el alma está sola. Porque no podemos compartir del todo nuestras ansias, deseos, nuestros anhelos más íntimos. Dentro de nosotros guardamos dolores y esperanzas, secretos que no se pueden compartir. Así empieza el libro, con la soledad de un personaje de Thomas Mann, Aschenbach, el protagonista de *Muerte en Venecia*, que, tal y como Pedro nos cuenta, Visconti transforma en la película y lo convierte en un personaje distinto al de la obra en que está basada, el libro del autor alemán, convirtiendo la soledad en más trágica, más interior, más angustiosa y haciendo del personaje interpretado por Dirk Bogarde (un maravilloso actor como narra el autor del ensayo) la soledad misma. Una soledad terrible, anhelante, perdida ante la impotencia de conseguir la posesión, en este caso del adolescente Tadzio, el paradigma de la belleza y también la suma de ángel y diablo, inocencia y picardía, que, dice García Cueto, tiene algo de nabokoviano, algo de la Lolita adolescente que obsesiona al maduro profesor que se enamora de ella en la obra de Nabokov, y que la persigue porque es su objeto de deseo permanente.

Casi la primera mitad del libro está dedicada a Luchino Visconti, uno de los más grandes realizadores cinematográficos de todos los tiempos y un enamorado de uno de los más importantes creadores literarios del siglo XX, Thomas Mann. García Cueto demuestra un conocimiento exhaustivo de la obra y los valores de ambos, magníficos retratistas de la decadencia también, y los relaciona, a través de las páginas, exponiendo en profundidad no solo el paralelismo, sino las diferencias y los cambios en la obra de ambos autores.

Pero García Cueto no se queda en Visconti. El autor sigue a través de su hilo conductor y escarba en la obra de otros directores geniales, directores, fundamentalmente, de la segunda mitad del siglo pasado, que crearon escuela y que fueron realizadores míticos: desde Bertolucci a Pasolini, a Fellini, a Fritz Lang, a Scorsese, a Truffaut, a Robert Altman, a Otto Preminger, a Polanski, a Welles, a Buñuel... y, antes y extensamente, a ese genial director americano que es Billy Wilder, del que hace un maravilloso ensayo corto basado en una de las mejores películas de todos los tiempos, *El apartamento*, y en su fabuloso intérprete, Jack Lemmon. En fin, todos ellos directores de películas excepcionales y cuyos autores han pasado a la Historia como genios del cine.

Aunque capítulos y párrafos del libro dedica a todos ellos, a algunos les dedica atención especial, como ocurre con Martin Scorsese y dos de sus películas, *Taxi Driver* y *Toro salvaje*, ambas interpretadas por su amigo y actor preferido, Robert de Niro. Pocos como el director americano han tratado mejor y de modo más crudo el tema de la soledad profunda, sobre todo en las dos grandes películas citadas. La disección que hace Pedro G. Cueto de ambos filmes y de sus connotaciones es espléndida, espectacular.

Sí, una constante en estos inmensos realizadores citados es la soledad, *leitmotiv* junto al cine, del libro que ahora se edita y presenta. Ellos la han retratado en sus personajes como nadie. Aparte de lo ya señalado de Visconti en *Muerte en Venecia* y de Scorsese, volvamos a recordar al Visconti de *Il Gattopardo*, al Bertolucci de *El último tango en París* (con ese gran solitario que interpreta Marlon Brando, escéptico y desencantado de todo, que se refugia en el sexo sin inhibiciones y se enamora finalmente de una casi adolescente a la que interpreta María Schneider y no puede vivir sin ella), al Pasolini atormentado y esteta, tremendamente duro y obsceno a veces en sus películas y también poético, o al Fellini de esa impresionante película que es *La dolce vita*, creador de personajes llenos soledad y tristeza y también tremendamente marginales y excéntricos. Y qué decir del creador del prototipo del personaje más poderoso y lleno de éxito y dinero, pero profundamente solo, ese *Ciudadano Kane* que en su final solo puede aferrarse a un recuerdo, ese Rosebud grabado en un trineo abandonado en un viejo desván, que representa su infancia. O el *Lawrence de Arabia* de David Lean, que García Cueto considera su obra maestra, junto a *El puente sobre el río Kwai* o *Doctor Zhivago*.

La melancolía existencial de Garci (en el apartado que le dedica el autor) nos envuelve con el latido de esa emocionada luz que nos estremece, proyectando escenas luminosas, haciendo del tiempo que se aleja alquimia de la imagen en espejos llenos de nostalgia. En el capítulo dedicado al cine español, Pedro sabe diseccionar filmografías tan dispares como las de Buñuel, Erice o Garci.

En esencia, tenemos que señalar que Pedro G. Cueto pone en escena en este libro (no podemos decirlo con más propiedad) cine y literatura, pensamiento y reflexión. Analiza, examina, profundiza, de forma exhaustiva y brillante a autores, haciendo hincapié en algunos citados y, sobre todo, en el final, en ese monstruo de la creación cinematográfica que fue Orson Welles, así como en extraordinarias películas, con lo que conforma un libro absolutamente imprescindible para los amantes del cine y también para los amantes del pensamiento y de la mejor literatura.

Para terminar, quiero explicitar en este prólogo unas palabras propias del autor que nos llevan a una de las motivaciones, si no lo principal, de este libro: «Este tema de la soledad ha estado siempre en mi cabeza. ¡Cuántas veces había visto a solitarios sentados esperando que las imágenes de una película les devolviesen a la vida, les reconciliasen con el mundo real! Quizá porque yo he sido uno de ellos, un hombre que buscó en las películas algo mejor que la propia vida, que soñó con esos actores y actrices, los cuales aún viven en su retina, el cine, lo más grande, donde la vida parecía otra cosa, nada semejante al espectáculo de coches y de ruidos cotidianos. La soledad de esos seres me invitó a reflexionar y pensé que el séptimo arte también había hecho una radiografía de la soledad en muchas películas, porque el cine había convocado a los espíritus de los seres más duros, más heridos por la vida, para que el espectador sintiese alivio al ver que su soledad no era tan grande como la de esos actores inmaculados con los que había soñado. Chaplin, ¿alguien duda que sus películas no hablan de un hombre solo que se enfrenta a los demás, como demostró también *La quimera del oro* o *Tiempos modernos*? Y Valentino, ¿no nos hace pensar que ese galán romántico, conquistador de mujeres, era en realidad un solitario? ¿Y qué decir del gran Jack Lemmon en *El apartamento* o de Robert de Niro en *Taxi Driver*?

La soledad persiguió a los personajes de Truffaut, como el célebre Antoine Doinel, también el cine de Antonioni como *La notte* o *Il deserto rosso*, y no podemos olvidar a Bergman, cuando Max von Sydow jugaba una partida de ajedrez con la muerte en *El séptimo sello*. ¿Y qué decir de Norman Bates, aquel personaje sórdido de la película de Hitchcock que esconde a su madre muerta en la casa mientras él asesina en el motel?

La soledad está en los personajes de Fassbinder, de Pasolini, de Welles. ¿Hay alguien más solo que el hombre que todo lo desea, el famoso William Foster Kane de *Ciudadano Kane*? ¿O podemos creer que el cine de Fellini con su inolvidable Mastroianni no esconde un hombre solo que conquista a las mujeres, pero que, en el fondo, no tiene a ninguna? ¿Y *Lawrence de Arabia* de David Lean, cuando Peter O'Toole conquista el desierto en la inmensa soledad de su obsesión, dándose cuenta de que es solo un hombre ante tanta grandeza?».

La soledad creativa es, sin duda, una necesidad del escritor para expresar con palabras su mundo interior y también el mundo exterior que observa y traduce a literatura. Pero la soledad no deseada es también un tema terrible que aísla al ser humano y lo reduce, en ocasiones, a cenizas. Es de esa otra soledad de la que Pedro García Cueto nos habla en este extraordinario libro de cine.

Al leer este libro, los focos del pensamiento de Pedro se proyectarán en el lector como melodías de luz, imágenes de cine que penetran en la mente y el corazón, alejando la soledad, sumergiéndonos en la memoria de los sueños creados, a través de las pasiones y sensaciones que la pantalla nos enseña en tantas películas inolvidables. Esa mirada que detiene el instante, que permanecerá en nosotros toda la vida. En el cine, contemplamos cada escena, cada paisaje con el alma y hacemos cada historia nuestra haciendo el tiempo eterno para siempre en nuestra memoria.

Sol de Diego

Parte

EL UNIVERSO DE VISCONTI

La caída de los dioses o el universo de Mann

Muchas veces el hombre se halla frente a sus fantasmas, contempla cómo se derrumba el edificio que ha creado, ya nada tiene sentido, tiene que empezar de nuevo. En el cine, hay películas que cuentan el ocaso de los grandes hombres, seres que se creen invencibles, pero que están tocados por la condición humana, son ídolos de barro en realidad.

En 1969, Luchino Visconti realizó *La caída de los dioses*, una película impactante porque se asoma a la dinastía de los Essenbeck, una familia que ha triunfado con el negocio del acero, pero que se halla en franca decadencia. De ahí, sin duda, la alusión al capitalismo del barón de Essenbeck, un hombre forjado a sí mismo, en una lucha por conseguir triunfar en la vida.

La película toma como referentes grandes hombres de la literatura y de la música, sin duda. Está Shakespeare, gran artífice del drama humano y de la corrupción de los hombres; por otro lado, está Thomas Mann, autor de *Los Buddenbrook*, novela que sirve para contar la historia de esta familia tocada con el sino de la desgracia, no hay que olvidar que la trama ocurre en 1933, cuando el poder de Hitler se empieza a sentir con fuerza en Alemania, ya hay hombres a favor del futuro dictador y otros en contra. En la película, podemos presenciar, como si fuera una figura presente que rompe la armonía de las cosas, a Hitler en la mirada de algunos personajes, en sus actitudes, se habla de una nueva Alemania, superior a otros países, una Alemania que ya se enfrenta al mundo con su poder omnímodo. De la música, destaco la influencia de Wagner en el mundo nacionalsocialista que va surgiendo como un monstruo alrededor de los personajes.

Podemos ver en la relación entre Sofía y Frederich (magníficamente interpretados por Ingrid Thulin y Dirk Bogarde) a una pareja que tiene mucho que ver con el *Macbeth* de Shakespeare, porque Sofía incita a Frederich a alcanzar el poder, a pasar por encima de otros miembros de la familia, a regentar el negocio del acero, como si en ello fuese su vida. En la mirada de Bogarde, ese gran actor inglés, presentimos toda la ambición, toda la tortura psicológica que lleva consigo; en los ojos de Ingrid Thulin, podemos ver su ambición, su falta de escrúpulos, sus delirios de grandeza.

Pero también hay ecos de Dostoievski, en el suicidio de la niña, porque Martin, el ambiguo personaje interpretado por un inefable Helmut Berger, es un hombre enfermo, trastornado, cuyo impulso sexual hacia la infancia le come por dentro, es otro ser torturado que recuerda al personaje del genial novelista ruso en *Los endemoniados*, me refiero a Stavroghin. Martin canta vestido de mujer la famosa canción *Lili Marleen*, imitando a la Dietrich, para perturbar la atmósfera insana de la historia, de esos personajes torturados, que ya saben que han perdido la cordura.

Siguiendo el estudio de William L. Schirer *Historia del Tercer Reich*, hay una lucha en pos del poder que está en la película, como también ocurrió en el ascenso de Hitler al poder. Su presencia se halla en la abigarrada atmósfera de la casa, en los espacios oscuros de esa estancia donde discuten acaloradamente, hay en Visconti un deseo de fijarse en los rostros, porque en ellos podemos ver una radiografía del alma humana, perturbada, enfermiza, herida por el deseo y la frustración posterior por no obtener lo que se anhela conseguir.

En los personajes de Konstantin y Aschenbach (curioso el apellido que luego dará lugar al famoso compositor en la película *Muerte en Venecia*), se halla un notable paralelismo con los personajes reales de Ernst Röhm (responsable de la SA) y Heinrich Himmler (responsable de las SS y de la Gestapo), ambos establecen una lucha de poder, ya que Joachim von Essenbeck, patriarca de la familia, está dispuesto a pactar con el nuevo régimen, el nazismo, con tal de salvar su industria. Hay también un paralelismo latente con *Los hermanos Karamazov*, la famosa novela de Dostoievski, todos son seres que quieren el poder, desterrar al padre. En este caso, el único hijo de Joachim ha muerto, pero todos, familiares y allegados, como en las tragedias de Shakespeare, quieren devorar al padre, anularlo, cosificarlo, para ser ellos los que puedan ostentar el poder y así manejar los hilos de los demás seres humanos.

Película teatral, sin duda, de ambiente mortuorio, una bajada a los infiernos, donde habitan los personajes de un inmenso palacio, donde vive el ocaso de una época (claro paralelismo con otra gran película del cineasta italiano, *El gatopardo*). Hay una mezcla de estética refinada en un ambiente depravado, inmoral, en las cenas familiares, los personajes se definen, algunos van huyendo de esa camada de lobos que pretenden devorarse unos a otros, seres humanos sin principios, solo pendientes de ese capitalismo atroz del dinero, que los va cosificando, convirtiéndolos en seres absolutamente degradados. Por ello, Visconti elige el ambiente teatral, las largas conversaciones, los primeros planos de los actores, todo huele a teatro rancio, como la boda esperpéntica de Sofía y Frederich: ella maquillada como si fuese una máscara (lo que nos recuerda a los de *Casanova* de Fellini); él, con la mirada perdida en su propia fracaso, rodeado de banderas nazis, que ya los están ejecutando de antemano.

La música de Maurice Jarre, impuesto por los productores, pese a que Visconti quería a Nino Rota, la fotografía oscura de Pasquale de Santis, que va recorriendo como un entomólogo las miradas de estos seres atormentados, el reparto de actores, Bogarde, Ingrid Thulin, Helmut Berger, Helmut Griem, Charlotte Rampling, etc., va cobrando dimensiones oscuras, nos va introduciendo en una pesadilla, en un descenso a los infiernos, en un mundo oscuro, donde el crimen y la falta de valores asolan con todo pudor o toda decencia.

La novela de Mann está detrás de esta sinfonía de derrotas, porque Visconti amaba la narrativa del genial autor alemán; no en vano, llevará al cine muy poco después su gran obra maestra *La muerte en Venecia,* con un Dirk Bogarde majestuoso e irrepetible. Aquí ya vemos el talento del actor, la fascinación de su mirada, en ese personaje ambicioso que se verá derrotado por su propio egoísmo; también nos encontramos a un Helmut Berger, que fue amante del director, un actor demasiado encasillado en el papel de bello enfermizo, patológicamente trastornado, que repetirá con otros matices en *Confidencias,* otra muy interesante película del cineasta italiano.

Estamos ante una película que refleja el capitalismo más atroz, la ambición más desmedida, la locura de unos seres que se devoran unos a otros por tener el poder, sin darse cuenta de que son solo títeres de un nuevo régimen que acabará con todos, un régimen fascinante para los alemanes que llevará a la Segunda Guerra Mundial y a una de las épocas más duras del siglo XX. Ya vemos en esta película un mundo atroz, desolador, un claro antecedente a los años que vendrían después, una gran obra de Visconti, un fresco absolutamente necesario para la historia del cine.

Muerte en Venecia. El clasicismo de Thomas Mann y de Luchino Visconti: de la novela al cine

INTRODUCCIÓN

He escogido *Muerte en Venecia* de entre las muchas adaptaciones de grandes novelas que se han llevado al cine, una obra magnífica por su extrema delicadeza y su gran sensibilidad, para afrontar un gran tema de nuestras vidas: la fascinación por la belleza.

Quiero, en este estudio, ahondar en las razones que justifican una adaptación cinematográfica que no desmerece, en absoluto, de la novela en la que se basa. Las impactantes imágenes de la película, la fascinación que despierta una Venecia decadente, pero hermosa, son suficiente motivo para alabar la misma.

Pero hay mucho más, el gusto por el detalle, por la minuciosidad, por el deseo de penetrar en el espíritu refinado del músico Gustav von Aschenbach (escritor en la novela de Mann), en la búsqueda de los grandes temas que dan sentido a nuestro existir: el amor, la juventud, el paso del tiempo, la inteligencia y, naturalmente, la muerte, vista aquí como un presagio que va impregnándose en la mirada del protagonista, en su voz, en sus ojos, en todos sus gestos.

En la película tenemos un extraño presentimiento, como si fuese el último viaje del compositor alemán, como si en esta aventura insólita jugase la última partida con la muerte, como nos mostró Bergman en su inolvidable película *El séptimo sello*.

Y no hay que olvidar la magnífica música de Gustav Mahler, la fotografía magistral de Pasquale de Santis y la brillante interpretación de Dirk Bogarde, un actor elegante y sensible que nos conmueve en cada plano, como si no existiese otro posible Aschenbach que el que nos ofrece el maravilloso actor británico ya fallecido (protagonista de películas tan inolvidables como *El sirviente* de Joseph Losey y *Darling* de Schlesinger, *La caída de los dioses*, también de Visconti, *Providence* de Alain Resnais, *Portero de noche* de Liliana Cavani o *Desesperación* de Rainer Werner Fassbinder, entre otras muchas).

Todo ello convierte a *Muerte en Venecia* en un acontecimiento único, una película necesaria para los amantes del cine, un monumento a la sensibilidad que el ser humano puede llegar a tener, una muestra de la experiencia de Luchino Visconti al adaptar con tanto respeto (pese a las diferencias que comentaré entre novela y película) la gran novela de Thomas Mann.

Muerte en Venecia (1970). Película de Luchino Visconti.
© United Archives/IFA Film/ Cordon Press.

LA NOVELA Y LA PELÍCULA: SEMEJANZAS Y DIFERENCIAS. LA BÚSQUEDA DE LA BELLEZA DE UN INTELECTUAL

No sería justo introducirnos en el estudio de la película sin antes conocer a fondo la novela en la que se basa, sin tener una noticia previa de las cualidades del escritor que la escribió.

Por ello, quiero citar a un gran conocedor de Thomas Mann, un hombre que admiró su obra y a su persona y que supo muy bien cuál era el grado de talento del escritor alemán. Me refiero a Theodor W. Adorno, quien nos dejó en sus *Notas sobre Literatura*, perteneciente a su *Obra completa*, tomo número once, lo siguiente: «Habiendo conocido a Thomas Mann en su trabajo, puedo atestiguar que entre él y su obra nunca surgió el más ligero impulso narcisista. Con nadie había podido ser el trabajo más sencillo, más libre de toda complicación y conflicto; no era menester precaución alguna, ninguna táctica, ningún rigor de tanteo» (Theodor W. Adorno, «Para un retrato de Thomas Mann», perteneciente a *Notas sobre Literatura*, tomo once, Ed. Akal, 2003, p. 328).

Como nos dice Adorno, Mann tenía un gran interés por ser afable, por no mostrar superioridad y esos rasgos del espíritu solo pueden ser fruto de su alto rigor intelectual, donde sí se daba por entero, para entender el mundo que le rodeaba. Hay que recordar que *La muerte en Venecia* es una novela que Mann escribió en 1912, antes de *La montaña mágica* (1924) o *Doktor Faustus* (1947).

Solo es anterior, dentro de sus grandes obras, la novela que comentamos, *Los Buddenbrook*, escrita en 1901.

La muerte en Venecia es una novelita si la comparamos con los libros citados, pero la repercusión de la novela fue realmente muy importante y suscitó el interés de muchas generaciones.

Quiero citar la opinión de un hombre de gran sensibilidad, un poeta y prosista alcoyano que ha pasado a la posteridad por su obra reflexiva, meticulosa y llena de refinamiento. Me refiero a Juan Gil-Albert, quien en su estudio «Viscontiniana», dedicado a Luchino Visconti, dejó claro algo que me parece importante referir. El escritor de Alcoy hace mención de la poca impresión que le causó la novela de Mann, pero, si bien no fue consciente de su influjo, sí existió un verdadero poso que quedó en él, como si algo intangible e inefable le fuera transmitido: «Lo que sí puedo decir es que *La muerte en Venecia* no constituyó, nunca, una predilección mía; fue un libro que debió de interesarme, pero sin que me diera cuenta de que se hubiera instalado, como sucede en algunas de nuestras influencias operantes, en uno de esos desvanes sin articular donde siguen vertiéndonos su enseñanza tantas aportaciones disimuladas» (Juan Gil-Albert, «Viscontiniana», perteneciente a *Los días están contados*, Tusquets, Tiempo de Memoria, 2004, p. 278).

Si, para el poeta de Alcoy, el libro no era el predilecto del autor, sí existía algo más allá de lo comprensible en el mismo que fue creciendo en su interior, dejando una huella profunda en su espíritu. En «Viscontiniana», lo que predomina es su amor y admiración por Luchino Visconti, al que considera un director que hace arte, un concepto que el autor sitúa más allá del cine, con el que siempre tuvo pasiones y odios, considerando al séptimo arte un espectáculo carente, en muchos casos, de interés.

Es curioso que la novela no ofrezca un dato concreto del año en que se sitúa la historia, es como si el autor no quisiera desvelar algo nimio frente a la grandeza de un relato que está más allá de consideraciones temporales. Solo señala dos cifras: 19, como si su intención fuese hablar de nuestro tiempo, pero no fechar la historia explícitamente. Estos dos números nos sitúan en un siglo envolvente, dramático, de grandes cambios, de acontecimientos que Mann no podía adivinar en la fecha que escribió la novela.

Sí da, sin embargo, un dato de la estación del año. Dice: «Era a principios de mayo y, tras unas semanas húmedas y frías, había caído sobre la ciudad un bochorno de falso estío» (Thomas Mann, *La muerte en Venecia*, Destinolibro, 1.ª ed., 1979, pp. 7-8).

Este escenario donde transcurre el principio de la historia en la novela no tiene nada que ver con el de la película. Luchino Visconti comienza la película cuando la novela lleva ya bastantes páginas y omite el director italiano toda la narración que Mann hace del protagonista discurriendo y reflexionando por la ciudad alemana donde vive, que es, concretamente, Múnich.

No será hasta el capítulo tercero de la novela cuando Visconti decida contar la historia. Sí aparece, sin embargo, en el primer capítulo una mención del viaje, pero no sabemos qué intenciones tiene el escritor (según Mann, el protagonista debía ser escritor) en su futuro inmediato y solo se limita a una reflexión intelectual sobre el acto de viajar: «Desde que disponía de los medios necesarios para disfrutar de las ventajas del turismo mundial, consideraba los viajes como una especie de medida higiénica que era preciso emplear de vez en cuando aun contra su propensión natural» (p. 13).

Las razones que podrían explicar la decisión de Visconti de no adentrarse en la novela desde el principio se pueden conocer gracias al excelente estudio que Jaume Radigales dedicó a Luchino Visconti y a *Muerte en Venecia* en la editorial Paidós.

Según el crítico, Visconti pensaba comenzar el rodaje situando al protagonista en Múnich, como se puede leer en la novela. Llegaron incluso a filmarse algunas secuencias en la ciudad alemana, pero Visconti desechó la idea de comenzar la película de ese modo. Para él, las razones que da Aschenbach en la novela no son suficientemente buenas para el espíritu del relato. Visconti quiere que el protagonista inicie su último viaje y no por mera arbitrariedad, simple deseo higiénico de cambiar de aires (como expresa Mann en la novela). En la novela de Mann, el escritor no siente el cansancio y el agotamiento de la vida que refleja el director italiano al comienzo de la película. Todo ello nos explica que Visconti no crea en ese comienzo para su película, sino en uno mucho más conmovedor y fascinante: la imagen del compositor, en este caso, llegando en barco a Venecia, nebulosa y gris. Esta imagen es mucho más impactante y misteriosa que la que nos planteó Mann en el inicio de su novela.

La secuencia inicial, donde un plano nos muestra al Esmeralda, el barco de vapor donde viaja Aschenbach, es emocionante. Refleja la escena el inicio del día. Es magnífico el plano general de la cubierta del barco donde se ve al compositor alemán y, a continuación, un plano medio del protagonista, donde se puede contemplar al compositor cansado y meditabundo. Parece que ha llovido durante la noche, ya que podemos ver un paraguas que descansa al lado de la tumbona donde está sentado Aschenbach.

Si nos acercamos a la novela, merece destacar las palabras donde se describe la llegada de Aschenbach. Mann cuenta con finura, con extrema delicadeza, ese momento. Ya va introduciendo el ambiente fantasmagórico que captaría Visconti en su película: «El cielo era gris; el viento, húmedo. El puerto y las islas habían quedado atrás y pronto se perdió en el horizonte, cubriéndose de vaho toda la tierra firme» (p. 39). Menciona, incluso, la aparición de la lluvia para enfatizar la atmósfera gris que desvela su llegada, como si la lluvia fuese ya una metáfora de la melancolía que inunda la ciudad y a su protagonista: «Y una hora después, era preciso tender un toldo, pues empezaba a llover» (p. 39).

Es curioso que Aschenbach espere una Venecia en la que brille el día, una ciudad esplendorosa, pero, en la novela, Mann ya nos ofrece una sensación que va agravándose durante la historia, una pesada imagen donde la bruma y las sombras se vierten a nuestro alrededor: «Sin embargo, el cielo y el mar seguían ofreciendo un color plomo, de vez en cuando caía una fina llovizna y Aschenbach se resignó a alcanzar por mar una Venecia distinta de la que siempre había encontrado, al acercarse a ella por tierra firme» (p. 40).

La llegada a Venecia por mar tiene un sentido muy importante para Mann y para Visconti. Si el protagonista hubiese llegado en tren, no hubiese sido posible ver el escenario de la ciudad, el arte que reflejan sus grandes construcciones. En un espíritu cultivado como el de Mann, el arte fue esencial, al igual que reflejó Visconti a lo largo de su vida y en muchas de sus grandes películas, como, por ejemplo, en *El gatopardo* o *Senso* (cuyo argumento transcurre en

Venecia), entre otras muchas. Por todo ello, el protagonista entra en esa ciudad fantasma por la puerta grande, por la majestuosidad de un mundo que pervive a lo largo de los siglos.

Todo ese mundo refleja también la inmortalidad, lo que permanece, frente a Aschenbach, ser humano que ha de morir y cuyo viaje, sobre todo en la película de Visconti, tiene un sentido claramente de despedida. Por tanto, el gran cineasta refleja en un plano medio el rostro de Dirk Bogarde para señalar que está entrando en su última morada, la definitiva, donde vivirá su última y más importante experiencia vital.

Visconti expresa la tristeza del protagonista al volver al primer plano del rostro del compositor, vemos la soledad que rodea su mirada y el frío que siente, cuando se sube la bufanda y cierra sus ojos (Bogarde nos transmite una tristeza infinita que nos conmueve).

Toda esa pena, esta pesadumbre, no está presente en la novela, es la visión que Visconti nos ofrece de un hombre abatido, cansado, derrotado.

En la novela sí encontramos a un personaje que se adentra ya en el absurdo, con el episodio del viejo del barco, que también aparece en la película de Visconti. Pero, en mi opinión, no hallamos tanta tristeza y sí a un hombre reflexivo, inteligente, algo frío, que va a adentrarse en un mundo que lo ha de absorber definitivamente. Su racionalidad y su sentido de lo correcto van a sufrir un cambio radical al volver a la ciudad amada.

El anciano que contempla Aschenbach demuestra la falsa vejez, el dantesco espectáculo de un hombre ridículo, la pantomima absoluta de un ser grotesco. Mann ofrece una descripción magnífica de su encuentro con el viejo, donde se refleja muy bien la inquietud que el escritor manifiesta ante la falsa juventud: «Se trataba en realidad de un viejo, no cabía duda; las arrugas enmarcaban sus ojos y sus labios. El color mate carmesí de sus mejillas era artificial, el pelo castaño bajo el sombrero con cinta coloreada era de peluca, su cuello flaco y tendinoso, su diminuto bigote y la perilla en el mentón estaban teñidos, su dentadura completa y amarillenta que enseñaba al reír era un substitutivo barato, y sus manos (en cuyos índices llevaba sendos sellos) eran las de un anciano» (p. 37).

Este anciano, que, como nos cuenta Mann, se divierte con un grupo de jóvenes, como si perteneciese a ellos, pese a su decrépito aspecto, irá resultando cada vez más grotesco, ya que, debido a la bebida, va manifestando su estado de embriaguez. Visconti recrea magníficamente estas imágenes del libro (llamo imágenes porque al leerlas nos revelan absolutamente la figura del anciano) y lo hace mostrando una obsesión del director italiano. Me refiero al viejo dandi homosexual, que, si bien conserva el aspecto de un hombre elegante por su vestimenta, nos recuerda con nitidez a los personajes grotescos de las películas de Federico Fellini o de Pier Paolo Pasolini.

Al dirigirse a Aschenbach y decirle que dé recuerdos a su lindo amorcito, Thomas Mann ya nos introduce en el mundo de las máscaras, Venecia, ciudad famosa por el carnaval. Se presenta como un escenario de opereta en que lo viejo quiere ser nuevo, como el anciano que, vanamente, quiere representar a un hombre joven.

La ciudad es ya un escenario, un lugar donde el protagonista va a representar un papel, el más trágico de su vida, su acercamiento a la belleza y, tras ello, su derrumbe físico y moral en una Venecia enferma por los aires letales que la rodean.

Para Mann todo es importante: la visión del barco, el espectáculo de los jóvenes con el viejo y, seguidamente, la góndola donde va a viajar el novelista. La comparación de esta con un ataúd nos sobrecoge y nos revela el tema de la muerte que subyace desde el principio de la novela en la mente de su autor.

Ya aparece en la novela el siroco al acomodarse el protagonista en la góndola. Aschenbach viaja plácidamente, en el mullido asiento, cansado pero feliz, tanto es así que Mann dice en boca de su protagonista: «El trayecto es corto, se decía. ¡Ojalá durara eternamente!» (p. 45).

La figura del gondolero va a ser muy significativa tanto en la novela como en la película, es símbolo de Caronte que lleva a los muertos a través de la laguna Estigia al otro lado, de donde ya nadie puede volver. Sostengo que, para Mann y para Visconti, la figura del gondolero representa este ser que conduce a Aschenbach al último destino.

El gondolero no obedece a Aschenbach, lo que enfada al protagonista. Este quiere tomar el *vaporetto* desde San Marcos, pero aquel le dice que el *vaporetto* no acepta equipaje. Aschenbach oye al gondolero hablar solo, musitar palabras que no logra entender. No es casualidad que Mann no le dé la fisonomía de un italiano, ya que se trata de un hombre sin nacionalidad, emblema de ese ser que ha de llevar al muerto hacia el otro lado.

Ya vemos en la novela una aceptación del destino, una sumisión de Aschenbach a la suerte que le está concedida. Viendo que el gondolero no le hace caso, el escritor se deja llevar, acepta su suerte, recostado en ese sillón que le va adormeciendo: «Su asiento, aquel sillón bajo, acolchado de negro, mecido tan suavemente por los golpes de remo del voluntarioso gondolero a sus espaldas, parecía despedir una indolencia embrujadora» (p. 48).

Aschenbach llega a pensar en el hecho de hallarse ante un criminal, pero ¿qué puede hacer ya?

En la película, podemos ver en un plano picado y de espaldas al protagonista, como si reflejase en esa postura su sumisión, su inferioridad ante el gondolero, como si Visconti fuese perfilando ya a un personaje que va a sentirse embaucado por la atmósfera fantasmagórica de la ciudad amada.

Al llegar al Lido, Aschenbach desembarca y busca cambio para pagar al gondolero, pero este ha desaparecido, ya que carecía de licencia. El escritor (en la novela de Mann) y el compositor (en la película) da la propina a un viejo marinero que se halla en el muelle esperándole.

En la novela, se trata de un viejo con un garfio, que, como dice Mann: «No podía faltar en ningún embarcadero de Venecia» (p. 50). Tras la llegada del novelista, podemos ver el Hôtel des

Bains. En la novela, Mann describe al director como un «hombrecito silencioso y aduladoramente cortés con bigote negro y levita de corte francés» (p. 51).

Lo que en la novela aparece narrado de esta forma tan concisa, en la película requiere mucho más detalle. Para Visconti, era importante crear una atmósfera, retratar a un mundo burgués que habita en el hotel donde va a descansar el protagonista. Por todo ello, el director italiano muestra una galería de personajes que no se hallan muy lejos del espíritu que transmitió Mann en *La montaña mágica* cuando Hans Castorp llega al sanatorio. Oímos el murmullo de las conversaciones de los clientes, de un viejo ascensor salen niños y una dama, a quien el director (Romolo Valli en el filme) hace una teatral reverencia. El director comenta a Aschenbach que se trata de la condesa Von Essenbeck, un claro guiño de Visconti al personaje de Ingrid Thulin en *La caída de los dioses*, inspirada también en la novela de Mann *Los Buddenbrook*. Como podemos deducir, Visconti ama la literatura de Mann, encuentra en ella un recipiente de sabiduría y plasma en *Muerte en Venecia* a través de los detalles y de la minuciosidad de la cámara el mundo que se escapa, que está en plena decadencia y que de forma magistral creó el escritor alemán en las novelas citadas.

Merece la pena citar lo que dijo Adorno sobre Mann respecto a la idea de decadencia que siempre estuvo presente en sus películas, según algunos críticos: «Lo que se reprocha a Thomas Mann como decadencia era lo contrario de esta, la fuerza de la naturaleza para ser consciente de sí misma como algo frágil. Pero no a otra cosa se llama humanidad» (Theodor W. Adorno, *Notas sobre Literatura*, Ed. Akal, 2003, p. 331).

Para el crítico y famoso sociólogo, Mann retrata el deseo del hombre de luchar por aquello que cree suyo, por buscar una raíz en su vida y la muerte, como sombra que acecha, busca cercenar esa raíz, devolver al hombre a la nada.

La llamada decadencia no era, para Mann, más que un impulso de pertenencia, el poderoso arraigo hacia un mundo que era hermoso, pero que, por avatares del destino, debía desaparecer.

En la novela, el espejo es importante, clara metáfora de la imagen que nos devuelve a nosotros mismos, que nos revela nuestra caducidad y nuestra temporalidad. Si, en la novela de Mann, Aschenbach contempla desde su habitación el mar, lo que le sirve para reflexionar sobre su viaje y las inquietudes que ha vivido (el galán viejo, el gondolero que le había atemorizado), en la película de Visconti la sutileza es aún mayor, ya que Aschenbach (Bogarde) se mira al espejo, donde se ve despeinado y desarreglado. Esa imagen de sí mismo es fruto del tiempo, él es consciente de su paso irremediable, de su inexorable transcurrir. Podemos ver también cómo saca un portafotos con la imagen de su mujer y de su hija (ambas fallecidas). Para Visconti, todos estos detalles son importantes, porque el sentido y el objetivo de su película difieren del de la novela. Si Mann va introduciendo al personaje en un ámbito extraño, donde su vida se irá apagando, en la película de Visconti cada acto está ya pensado, el protagonista es consciente de su vejez, de su cansancio e intuye que Venecia es su último lugar.

Hay una certidumbre sobre su existencia que no se halla en la novela, como si el compositor se asemejase a una vela que se va apagando ante tan hermoso paisaje.

Los detalles que plantea Visconti así lo manifiestan: el espejo, el portafotos, son imágenes del paso del tiempo, iconos donde el protagonista se mira para no olvidar que ha vivido y cuál es su recorrido, en qué punto se halla de su trayectoria vital.

En la película vemos un *flashback* que no está en la novela: la visión de Aschenbach con su amigo Alfred. En esta, podemos ver al compositor tumbado en un canapé, mientras su médico, vestido de frac, le toma el pulso. Este dice al compositor que necesita un tiempo de reposo.

Hay un salto temporal, donde aparece Alfred tocando al piano el *adaggieto*; Aschenbach, ligeramente cansado, le escucha, mientras fuma un cigarrillo. El compositor mira un reloj de arena, metáfora del tiempo. Como podemos deducir, a Visconti le interesa mucho la presencia del tiempo a través de los objetos que lo representan: el espejo, el portafotos, el reloj de arena. Al incluir un *flashback* en la película y alejarse así de la narración lineal como planteaba Mann en la novela, nos introduce en un espacio nuevo que nos hace sentir con mayor intensidad (que en la novela que sirve de base) la fugacidad de la vida y su paso inexorable sobre nosotros.

La contemplación de un apuesto y aún joven Aschenbach, pero enfermo en la primera escena del *flashback*, nos pretende decir que el artista ya adolece de un cansancio prematuro, fruto de su intensa vida intelectual, que va erosionando su aún presente juventud.

Coincide, eso sí, con la novela la mirada que Aschenbach dirige a la playa, tras el *flashback*, como si el compositor presintiese que aquel es un lugar idóneo para morir.

Antes de bajar a cenar, el protagonista besa la foto de su mujer y su hija (en la película), detalle muy significativo que no aparece en la novela.

Para Jaume Radigales, en su estudio de *Muerte en Venecia*, hay una fusión continua entre lo real y lo simbólico en la película, como si los *flashbacks* que realiza Visconti sirvieran para afianzar al compositor en el mundo real y la llegada a la ciudad amada fueran su inmersión en lo simbólico, presidido por el fantasma de la muerte. Dice así: «Visconti, mediante el uso de imágenes vistas bajo el efecto de *sfumato* (como la pintura de Leonardo da Vinci) y otras filmadas bajo ópticas naturalistas (como las fachadas de los monumentos venecianos, que parecen extraídas de burdos documentales para turistas), hace pasar al espectador de un lado a otro de la frontera simbólico realista. Aschenbach viene de un mundo visto desde el realismo (los *flashbacks*) y se adentra en un cosmos de irrealidad y de juegos ficticios: de símbolos, de juegos y de fiestas, con permiso de Hans-George Gadamer» (Jaume Radigales, *Luchino Visconti: Muerte en Venecia*, Ed. Paidós, 2001, p. 70).

LA APARICIÓN DE TADZIO: UN ENCUENTRO CON LA BELLEZA

En la novela de Mann, la descripción del muchacho polaco es realmente brillante. Al bajar al salón para la cena, Aschenbach contempla a la familia, cuatro jóvenes, tres muchachos y un chico (Tadzio) junto a una institutriz. Merece la pena acercarnos fascinados ante la hermosa prosa de Mann: «Aschenbach notó con asombro la perfecta hermosura del muchacho. Su rostro, pálido y graciosamente hermético, enmarcado por unos cabellos de color de miel, con la nariz de línea perfectísima, una boca amable y una expresión de bella y divina seriedad, recordaba las estatuas griegas de la más noble época de Hélade» (p. 54).

Como podemos deducir, el rostro del joven era comparable a la mejor estatua griega, esta referencia al mundo de los helenos no es casual. Para Mann, el mundo griego representa la perfección, un modelo que debía seguirse. No hay que olvidar que en el mundo griego el hombre gozaba de la supremacía frente a la mujer y la homosexualidad era considerada algo natural, sin la huella del pecado que sí impuso la religión católica.

El afán de comparar al joven con el mundo del arte es evidente en el libro, tanto es así que Mann cita la larga cabellera que aquel tenía donde no habían llegado las tijeras, al igual que la famosa estatua del efebo que, al querer quitarse una espina del pie, se riza su pelo sobre la frente y hasta la nuca.

En la película, Visconti nos regala un plano largo en el que Aschenbach mira las mesas de los comensales. Pero lo más relevante es el primer plano en el que el compositor capta la figura del muchacho.

Se produce entonces la maestría del director italiano que proyecta su mirada de Aschenbach a Tadzio, como el *voyeur* que espía la belleza, sin que esta última pueda percatarse de ello. Suena la música (a través de un cuarteto de cuerda integrado por dos violines, un piano y un violonchelo) de la opereta de Franz Lehar, *La viuda alegre*. En el momento en que la cámara se posa en Tadzio, la música calla momentáneamente. Este guiño pretende resaltar ante el espectador que Tadzio lo es todo, capaz de hacer parar la música, mero aditamento en esa contemplación de lo supremo. La gracia y el donaire del muchacho no tiene parangón, el arte (la música en este caso) calla ante la presencia del dios rubio.

El compositor, fascinado, vuelve al periódico que leía antes de la contemplación de la escena. El periódico es mero instrumento para ocultar su decisión de mirar, de observar lo que le rodea. La pasividad del compositor, hombre enérgico entregado al trabajo hasta la extenuación, nos abruma. Se halla ahora preso de la contemplación, se alimenta de la belleza que cae delante de los ojos como un recipiente del que necesita beber.

Resulta muy significativo para la comprensión de la película destacar los primeros planos del rostro de Aschenbach, ya que en su mirada podemos ver el proceso de la pasión, no hacen falta palabras para entender la fascinación que le produce el muchacho. El compositor busca penetrar en el rostro del joven para conocer el inmenso misterio que aguardan sus facciones, su elegancia, su cierta femineidad.

Con respecto a las comparaciones que se han llevado a cabo sobre Tadzio por parte de algunos críticos de cine prestigiosos, merece la pena mencionar lo que José Luis Guarner destacaba acerca de la comparación del muchacho con el *David* de Donatello o con uno de los personajes de *La Primavera* de Boticelli en su trabajo *Conocer Visconti y su obra*, aparecido en la editorial Dopesa de Barcelona en 1978 (p. 104). Se pensó (por parte de otros críticos) en una analogía entre Tadzio y San Sebastián, pero, en mi opinión, el muchacho rubio dista de mostrar la fuerza y la corpulencia del santo atravesado por sus flechas.

Gerard Verges en *Eros i art* hace mención del erotismo como cualidad esencial que existe en la mirada del joven, ya que el misterio que conlleva abre esa condición erótica, insertada en el interior de su belleza: «El erotismo también es misterio. Misterio ante lo que se mantiene desconocido, de lo que se entrevé pero que aún no se ve del todo, de lo que solamente se adivina» (Gerard Verges, *Eros i art*, Barcelona, Edicions 62, p. 35).

Pero no hay que olvidar la figura de la madre que aparece seguidamente, en la película se ve a través de un plano americano donde Tadzio besa la mano de la bella dama. Oímos un lenguaje ininteligible, seguramente polaco. Vemos, tras esta llegada, un primer plano de la madre, vemos su rostro de perfil, parece una estatua griega, como su hijo, pero existe una aparente frialdad en su pose. Silvana Mangano, la actriz italiana que triunfó muchos años antes con *Arroz amargo*, desempeña magistralmente el papel. Es imposible no sentirse atraídos por su elegancia, su gran distinción.

La descripción de la dama en la novela es muy brillante estilísticamente: «El porte de la dama era frío y comedido», para decir a continuación: «Su aparición cobraba un aire fantásticamente lujoso, merced a sus joyas que, en efecto, debían de tener un valor inapreciable a juzgar por los pendientes de brillantes y un triple collar muy largo de perlas, de suave destello, tan grandes como cerezas» (p. 57).

La extrema educación de los hijos de la dama llama la atención del compositor, la espera de todos ellos para ir al comedor a la llegada de la madre merece la admiración de Aschenbach. Los besos en la mano de los hijos a la madre rodean el ambiente de un aire antiguo, extremadamente sensible y refinado que fascina al compositor. Son, sin duda, huellas de un tiempo que se marcha, pequeños posos de un mundo que va, lamentablemente, desapareciendo.

Si tuviéramos que cronometrar la duración de todo ese juego de miradas en la película, nos sorprendería saber que la secuencia dura siete minutos y cuarenta y cinco segundos, donde predominan los primeros planos de Aschenbach frente a bellísimos planos de Tadzio, pero perdidos en función de un zoom o de una panorámica. Todo ello nos indica que el compositor, frente a lo que pueda parecernos, no es la parte activa de la película, sino un ser fascinado por la presencia del muchacho, verdadero actante que le va conduciendo, como si lo dominase, por los senderos de la seducción. Es Tadzio quien va dirigiendo a Aschenbach, como la novela al lector o la música al oyente. El muchacho rubio es el «ángel de la muerte», una especie de bello Caronte que navega para que el compositor inicie su último trayecto hacia las aguas del Leteo.

No hay que olvidar que Tadzio es la antítesis del viejo que apareció al principio de la película; si este era horrible, aquel es bello. Pero solo en apariencia. Ambos son la cara de una misma moneda, lo constata el rostro pálido y maquillado del viejo frente al semblante también blanquecino de Tadzio. El encantamiento de la muerte se presenta ahora en su cara más seductora, frente a la del viejo, grotesca y sórdida.

Friedrich Schiller se refirió muy bien en sus *Escritos sobre Estética* a que «el encanto de la belleza estriba en su misterio» (*Escritos sobre Estética*, Madrid, Ed. Tecnos, p. 99). Acertó el filósofo alemán porque el misterio es lo que desconcierta a Aschenbach, ya que la belleza del joven materializa su afán intelectual, preservado, hasta entonces, al espíritu. Todo ello hace que sea tan intensa la fascinación, su obsesión por la música (arte abstracto, no lo olvidemos) parece adquirir un formato real, tangible, en la belleza de Tadzio, ese anhelo es único y se convierte, sin duda, en irresistible para el compositor.

Hay otro *flashback* en la película que no existe en la novela. La intención de Visconti es crear una nueva *Muerte en Venecia*, darle su sello particular a cada escena y cumplir un objetivo que no está presente en la novela de Mann: el *fatum*, el destino adverso del compositor. Si en la novela todo se va desarrollando como si obedeciese a una corriente que empuja al novelista protagonista a su muerte inevitable, pero que no se intuye hasta la mitad de la novela, en la película la muerte es una advertencia continua, un anuncio que se gesta desde el principio, como si la mirada del viejo grotesco expresase ya el destino del compositor.

Thomas Mann resuelve en la novela el desarrollo de la cena con estas palabras: «Durante la cena, aburridísima, por cierto, en reflexiones sobre temas abstractos, mentalmente muy ágil, a pesar del cansancio» (p. 59) y continúa, en pocas líneas, hablando de los problemas de la forma y del arte. En la película, Visconti sigue con el juego de las miradas. Aschenbach aparta un florero para ver a Tadzio, como si fuese un niño que tímidamente espía al objeto de su amor. Se entrecruzan los primeros planos de Tadzio (comiendo) y Aschenbach (mirando al joven). En ese momento hay un *flashback* que remite a una conversación entre el compositor y su amigo Alfred a propósito de la belleza.

Ya en la terraza del hotel, después de la cena, Aschenbach ya solo, sin la presencia de Tadzio cerca, recuerda las conversaciones con su amigo Alfred en otro *flashback*. Se los puede ver a ambos discutiendo en la casa de campo del compositor. Mientras este defiende la belleza como algo espiritual, a años luz de la realidad, Alfred manifiesta que la belleza está en la vida, considera a la misma un ente material.

Tanto es así que cree en la música como una de las mejores muestras de la belleza. Toca al piano diversos acordes y escalas para que Aschenbach compruebe las múltiples posibilidades expresivas de la música.

Sin duda alguna, el *flashback* hace referencia al *Doktor Faustus*, la gran novela que Mann escribió en 1947. En ella, Adrian Leverkühn niega la subjetividad, el amor humano, amparado en la espiritualidad de su condición de artista. Al igual que Aschenbach, Leverkühn es un hombre metódico y frío que renuncia a la vida para vivir el arte plenamente.

El personaje de Alfred tiene como espejo a Serenus Zeitblom, el narrador de la novela. Cito, como ejemplo, una de las primeras líneas del *Doktor Faustus* cuando Zeitblom caracteriza a su amigo Leverkühn del siguiente modo: «En torno suyo reinaba la frialdad, palabra que él mismo se sirvió en ocasión monstruosa y que ahora no puede emplearla sin sobrecogerme» (Thomas Mann, *Doktor Faustus*, Edhasa, 1991, p. 11).

Por todo ello, el personaje de Aschenbach es un antecedente de Leverkühn (recordemos que *La muerte en Venecia* se escribió en 1913 y *Doktor Faustus* en 1947), donde ya se perfila al hombre que niega la pasión por la vida para vivir su sometimiento al arte. No sorprende que Mann cambie la profesión del protagonista, de novelista en *La muerte en Venecia* a compositor en *Doktor Faustus*, ya que para Mann la música fue siempre un arte primordial y necesario para vivir.

De esas fuentes bebe Visconti y no es casual que elija la profesión de Leverkühn en vez de la que dio Mann a Aschenbach en su novela.

Volviendo a la película, tras la escena de la terraza, Visconti nos conduce al día siguiente. De nuevo en el restaurante del hotel, podemos ver la blancura de los manteles de las mesas y el elegante traje de Aschenbach. Es curioso que lleve unas lentes de pinza, lo que nos llama la atención acerca de su singularidad, elegancia e individualismo.

Hay un breve diálogo que no está presente en la novela, donde el compositor pregunta al gerente del hotel por el bochorno que hace en la ciudad. El gerente, personaje extremadamente cortés, carente de verdadera personalidad, le dice que se trata del siroco. Aschenbach le escucha, pero sin convicción, como si desconfiase de la veracidad de sus palabras.

Tras una breve panorámica en la que vemos a la institutriz y a las tres niñas, sin la presencia de Tadzio en el comedor, podemos detenernos en la entrada del joven, vestido de blanco como Aschenbach. Antes de llegar a la mesa donde se halla la familia, mira de soslayo al compositor, como si el joven supiese que está siendo observado por aquel. En ese momento, Aschenbach no lo mira, ya que se adentra en las páginas de un periódico que lleva en la mano.

Como podemos ver, el blanco de sus trajes es un color que los identifica, símbolo de pureza, de una clara predisposición a lo nuevo, al origen de las cosas. El periódico de Aschenbach, como lo fue en la escena de la noche anterior en la cena, es un símbolo del ocultamiento, una forma de tapar su voyerismo.

Al mirar Tadzio al compositor, el joven esboza una irónica sonrisa, ya que todo está marcado por el destino. El muchacho sabe que Aschenbach ha caído en sus redes. La belleza que posee, pese al blanco que le envuelve en la virginidad, es una hermosura antigua, bella y maléfica a la vez, cuyo sino es la condena a muerte del compositor.

El uso del zoom en la película merece nuestra atención. Para Jaume Radigales en su estudio sobre la película, el zoom es una forma de adentrarse en el poder seductor de Tadzio, en su omnipotencia, la cual domina por completo al vulnerable Aschenbach, que permanece, por el contrario, siempre quieto, en pose de observador. Cito a Radigales por el interés que suscita para mi estudio: «Como las almas en el reino de la belleza descrito por Platón a su Fedro, la mirada hacia Tadzio se encuentra siempre en movimiento, mientras que el observador se mantiene inmóvil, expectante, contemplador de las escenas eternas e inmutables» (Jaume Radigales, *Luchino Visconti, Muerte en Venecia*, Paidós, 2001, p. 89).

No queda ninguna duda de la importancia del zoom. Visconti necesita al joven en movimiento, porque este es el efecto que provoca en el corazón de Aschenbach, apasionado ya por la fascinación que aquel le provoca.

LA PLAYA. UN ESCENARIO IDÍLICO PARA MANN Y VISCONTI

Para Thomas Mann, la playa es un espacio fundamental, representa, sin duda, lo sensual, el goce. Desde el ámbito cerrado del hotel, la playa supone aire, oxígeno, un lugar donde la alegría puede manifestarse sin recato. Con esta magistral prosa describe Mann la playa: «La playa, espectáculo de una civilización que se extendía con holgura, sensual y ávida de goces a lo largo del líquido elemento, distraía y alegraba a Aschenbach, como siempre» (p. 63).

Para Aschenbach, la playa significa la vida, el olvido de los pensamientos, un remanso para su espíritu cansado. Describe el mar (grisáceo y llano), los niños (niños vadeantes, de nadadores, de figuras polícromas que yacían en la arena) y los botes (pintarrajeados de rojo y azul). También a los vendedores de almejas, pasteles y frutas y a una familia rusa (varones barbudos, mujeres gastadas y perezosas).

Pero ¿y el mar? ¿Cómo ve Aschenbach el mar? Para él representa la perfección, el misterio de la vida, una razón para embriagarse, cerrar los ojos y volver a abrirlos en un espacio único, atrayente y, a la vez, temible, como la propia existencia. Mann dice, de forma magistral, lo siguiente: «Descansar en el seno de lo perfecto es el anhelo de quien labora con vistas a lograr siempre algo excelente; y, si bien se pensaba, la nada ¿no sería una forma de la perfección?» (p. 65).

La playa y el mar son, en la novela, espacios únicos, que invitan a la alegría y al abandono del pensamiento (la playa) y a la reflexión, a la entrega total, a la fascinación del líquido elemento (el mar), atrayente y misterioso como la propia vida.

Podemos ver a Tadzio jugando en la arena con sus amigos, construyendo castillos. Aparece otro muchacho, algo mayor, llamado Jaschou, que agarra a Tadzio por la espalda. Aschenbach contempla (como siempre, en su posición de *voyeur*) cómo Jaschou besa en la mejilla a Tadzio. El compositor arquea la ceja, celoso.

En la novela aparece el nuevo joven con el nombre de Yacht (cabellos negros untados con cosmético y un traje de dril con cinturón). Al contemplar el beso, Mann no expresa ningún apelativo que muestre los celos de Aschenbach, tan solo dice: «Aschenbach sentía la tentación de amenazarle con el índice» (p. 69). Pero en la película podemos ver en el rostro del excelente Dirk Bogarde una turbación interior, como si le hiriese en lo más profundo, tal es la pasión que siente por el muchacho.

A continuación, Aschenbach toma unas fresas adquiridas a un vendedor de la playa. Si en la novela de Mann no se menciona nada del contacto de la fresa en la boca de Aschenbach, en la película, el simple acto de comer la fresa nos lleva a un primer plano donde la fruta es símbolo de la tentación para Visconti, una tentación letal ya que el cólera ya está en Venecia y la fresa ha sido, supuestamente, limpiada con agua contaminada. Ya en la película, el sino se va cumpliendo, Aschenbach se va entregando con delicadeza y elegancia a una muerte segura.

También Tadzio cogerá una fresa de una cesta de un vendedor, después de que su madre le niegue el permiso para comer fresas (escena que aparece en la película, pero no se encuentra en la novela).

Esto me lleva a insistir en el sentido metafórico de la fresa como elemento letal para Visconti, tentación y muerte que une a Aschenbach y a Tadzio en el instante único de comer la ácida fruta como si estuviesen unidos por una pasión que solo así puede materializarse.

Hay otro momento que merece la pena citar, me refiero al encuentro en el ascensor. En este, el distanciamiento entre el compositor y el joven se reduce, tanto es así que ambos se hallan en el mismo espacio junto a otros jóvenes que acompañan al joven polaco. Aparece entonces la humanidad de Tadzio, como nos cuenta Thomas Mann en la novela cuando dice: «Tadzio se hallaba tan cerca de Aschenbach, que este por vez primera podía verle y observarle no ya a la distancia de una imagen, sino con el mayor detalle, con todos los pormenores de su humanidad» (p. 72).

Se fija en los dientes (en la novela) y revela el narrador que Tadzio parecía delicado de salud por la falta de esmalte de los mismos.

Existe una gran diferencia entre la novela y la película. Me refiero al momento en que Tadzio sale del ascensor con los jóvenes, mientras Aschenbach permanece dentro del mismo. El rostro de Tadzio en la novela muestra pudor: «Y este contestaba con una sonrisa indescriptiblemente deliciosa, mientras abandonaba la cabina, en la primera planta, saliendo de espaldas y con los ojos fijos en el suelo» (p. 72). Esta timidez no se corresponde con la escena que Visconti filma, donde el joven mira directamente (con descaro) a Aschenbach al salir del ascensor. Lo que era un acto de delicadeza en la novela es, en la película, una invitación explícita al deseo, a la pasión que va a condenar al compositor para siempre.

Esto refuerza mi idea de que Tadzio es la parte activa, el que seduce, y Aschenbach es la pasiva, el seducido. Para Visconti, era primordial que el joven polaco dirigiera al compositor, que este, desarmado ante la contemplación de la belleza, fuese absorbido por el deseo que el joven le propone.

En la novela, solo hace mención del tiempo que el protagonista pasó en la habitación tras coincidir con Tadzio en el ascensor, sin hacer mención del bochorno que sí siente el compositor en la película. En esta última, aparece de nuevo el espejo, donde Aschenbach se contempla, apesadumbrado, consciente de la pasión que le desarma y que provoca las risas maliciosas de los jóvenes.

Para Visconti, el espejo es el tiempo, una metáfora clara de su paso inexorable, ya que, en la película, el compositor (magnífico Bogarde en todas las escenas en que podemos ver sus primeros planos) se mira muchas veces al espejo, como si se empeñase en ver al joven que ya no es, herido por la imagen que contempla.

El compositor se refresca la cara para sentir el tacto del agua en la piel sonrojada y se contempla, de nuevo, en el espejo, como si lograse ver en este a un hombre más digno que el que fue minutos antes. Empieza a vaciar el armario de la habitación, ya que le ronda la idea de abandonar la ciudad amada para huir de la pasión que le consume. Hay un *flashback* en el que aparece Aschenbach en su estudio tocando el piano, mientras Alfred le recomienda la amoralidad para llegar a ser un gran artista.

Decididamente, el compositor es un hombre herido, que no puede continuar por el camino de la pasión, cuando en toda su vida había elegido el de la razón.

LA HUIDA DE VENECIA. UN VIAJE DE IDA Y VUELTA A LA CIUDAD AMADA

Para Thomas Mann era importante explicar la decisión de Aschenbach de marcharse de Venecia. Y lo hace a través de una prosa muy descriptiva donde se refiere al siroco: «Un bochorno antipático pesaba sobre las callejuelas; el aire era tan denso que los olores emanados de las viviendas, tiendas y cocinas callejeras, el vaho de aceite, nubes de perfumes y otros muchos aromas flotaban en el aire, sin disiparse jamás» (p. 73). El cansancio físico que refleja Mann en la novela es el motivo de la repentina marcha de Aschenbach.

No es así en la película. Visconti quiere que nos demos cuenta de que Tadzio es el motivo, se ha prendado de la belleza del joven y lucha, tenazmente, contra esa sensación desconocida.

Por ello, el director italiano nos muestra seguidamente a la escena de Aschenbach y Alfred dialogando el momento en que el compositor desayuna, esperando que le avisen para coger la lancha motora que le llevará a la estación. El compositor está inquieto, mirando furtivamente para ver si llega la familia polaca y el joven, con el afán de verlo por última vez (nada de todo ello está contado en la novela de Mann).

Vuelve a encontrarse con Tadzio, parece un adiós, pero el joven le lanza una mirada insolente, desafiante, lo que nos permite deducir que no hay fuga posible, ya no existe escapatoria para Aschenbach, todo deseo de huir de la ciudad amada y de su aciago destino se ha de frustrar.

La música es fundamental para Visconti. Sabe que su película está llena de emoción, de sensibilidad y la música de Mahler le brinda la oportunidad de entregarse hacia su pasión por escenificar la belleza del filme. Suena, en el momento en que Tadzio mira a Aschenbach, el *adagietto* de la quinta sinfonía de Mahler y nuestro corazón se encoge, como si todos fuésemos el protagonista, heridos por un amor que se nos escapa de las manos para siempre.

Una de las escenas más hermosas de la película (en mi opinión) es el viaje de Aschenbach en la lancha motora camino de la estación de trenes.

Si Thomas Mann lo describe de forma magistral, Visconti va a imprimir una emoción a las imágenes difícilmente superables. Mann dice: «En un recodo del canal, surgió el amplio arco del Rialto, con su grandioso empaque. El viajero lo contemplaba todo y sentía desgarrársele el pecho. La atmósfera de la ciudad, aquel olor con suave matiz de podredumbre de mar y pantano que tanto había ansiado rehuir lo respiraba ahora profundamente, con una sensación ligeramente dolorosa» (p. 79).

Para Mann, el dolor de Aschenbach tiene que ver con la ciudad amada, a la que ahora abandona, ciudad marcada por la persona de Tadzio, pero, en esencia, un lugar que lo enamoraba y que lo enfermaba a la vez.

Si el escritor alemán describe los alrededores que circundan el viaje de su protagonista, Visconti se centra en Aschenbach. Todo su objetivo es ofrecernos, en unos maravillosos primeros planos, el rostro de un hombre herido, no solo por dejar Venecia (trasfondo principal del relato de Mann hasta este momento de la historia), sino por abandonar a Tadzio. Muy pocas veces el rostro de un actor ha expresado tanto, nos ha ofrecido tanta emoción contenida como la que nos regaló Dirk Bogarde en la película y, en mi opinión, en esta escena cumbre.

La música de Mahler se interrumpe al llegar el compositor a la estación, como si la relación entre el arte musical y cinematográfico (esencialmente visual) se ensamblaran a la perfección, en los momentos de mayor emotividad y lirismo.

El error del destino del equipaje de Aschenbach, facturado para Como y no para Múnich, a donde volvía nuestro protagonista, es el motivo del regreso de este a Venecia.

Si Mann nos describe el júbilo interior del protagonista con absoluta maestría, Visconti le ofrece a Bogarde una razón para expresar a la perfección su gran registro interpretativo. Ahora esboza una sonrisa magnífica, pero velada, porque su decoro le impide la carcajada.

Mann dice: «Una alegría aventurera, increíble, invadía su pecho, conmoviendo convulsivamente todo su interior. El empleado corrió precipitadamente para recuperar, si todavía era posible, el equipaje, mas al poco rato regresó, como era de esperar, sin haber conseguido nada en absoluto» (p. 82).

En la novela de Mann no aparece en ningún momento la imagen del mendigo que se desploma en la estación, para enfatizar el dramatismo del cólera que asola la ciudad. Para Visconti, la imagen feliz del compositor en un primer plano genial contrasta con el derrumbe físico de un hombre; el director italiano contrapone el espíritu y el cuerpo en perpetua lucha.

Vuelve a sonar la música de Mahler, con lo que nos damos cuenta de hasta qué punto el elemento musical nos advierte de la alegría y el dramatismo de la escena. En un rápido y violento zoom vemos la cara del anónimo moribundo.

Si, a la llegada a la estación, el rostro del compositor expresaba un dolor inefable, ahora, al regreso al Hôtel des Bains, la cara de Aschenbach parece la de un joven satisfecho. Si a la ida no se levantaba y permanecía apoyado en su paraguas, ahora, al regresar, se levanta y fuma, mientras el sol le ilumina, cuando antes todo era niebla.

Visconti quiere ensalzar el momento y, para ello, es importante la luz (el sol), los gestos de Bogarde, expresando una sonrisa magistral, la música, alzándose triunfadora sobre el ámbito que le rodea.

En la novela, la diminuta embarcación corre triunfal, ya que vuelve, jubilosa, al lugar de donde nunca debió partir: «Levantando espuma ante la proa, maniobrando con pintoresca velocidad entre góndolas y vapores, la diminuta embarcación corría rápida hacia su meta, mientras su único pasajero ocultaba tras la mascarilla de molesta resignación la excitación tímidamente alegre de un muchacho que huye de su casa» (p. 83).

Si en la novela de Mann nos describe las paradas antes de llegar al hotel, en la película, Visconti nos muestra (haciendo uso de la elipsis) al compositor, de espaldas a la cámara, abriendo las ventanas que dan a la playa, donde puede ver la silueta de Tadzio en la lejanía. Aschenbach lo mira y alza el brazo derecho, saludándole triunfador. Vuelve la música para expresar la emoción que va fluyendo por el regreso al lugar amado.

El poder de la música en la película fue visto muy bien por Manuel Valls en un libro dedicado a la música y el erotismo cuando dice: «La música, al poseer el don de la ubicuidad, se constituye en cómplice transitorio de la comunión erótica, a la que presta su asistencia como fiel aliada. Después, cuando enmudece el caudal sonoro, en el denso silencio que sigue, vibran en el ambiente las resonancias del discurrir musical. Cesa también la palabra. La música y el tacto acentúan el silencio, esa quintaesencia potenciadora de la música» (Manuel Valls, *La música en el abrazo de Eros. Aproximación al estudio de la relación entre música y erotismo*, Tusquets, 1982, p. 216).

Y es cierto, porque la música en la película tiene que ver con el cenit del amor, de la pasión que vive el compositor. Tras el instante musical hay un silencio, como el que viven los amantes tras el acto amoroso, todo se centra entonces en los otros sentidos: el mirar, el tocar. En la película (ya que el tacto está prohibido por el decoro del protagonista), todo se centra en la mirada, poderosa pulsión que le arrastra en la citada escena a ver al joven en la playa y saludarlo, como si aquel le respondiese.

Es un instante de afirmación, de constatación de la felicidad del protagonista ante el ser amado al que nunca podrá tocar.

EL NUEVO SIMBOLISMO DEL MAR, ESENCIA DE ETERNIDAD

Desde este instante, comienza la segunda mitad de la película. Ahora volvemos a la playa, pero, frente al sentido que tenía en la primera mitad, el espacio refleja un lugar de meditación, no desaparece la festividad que representaba la misma, pero Aschenbach encuentra en ella un ámbito para recordar. Por ello, tras sentarse en una tumbona cerca del agua, Visconti introduce un *flashback* donde vemos un momento de felicidad en el que el compositor está con su hija, de no más de cinco años. Tras esta idílica escena en que el matrimonio se besa y contempla a su hija cogiendo flores, aparece en el cielo el anuncio de una tormenta (se va nublando el cielo) y la cámara se desplaza hacia las nubes, extinguiéndose la música.

No es casual que Visconti termine el *flashback* con la tormenta, ya que existe un claro símbolo de un destino aciago, que ha de destrozar la felicidad del matrimonio con una muerte inesperada.

Aschenbach vuelve a la realidad y contempla a la madre de Tadzio, muy hermosa, y a la institutriz que regaña al joven, por haber rebozado su cuerpo en la arena.

En la novela, Mann refleja la playa como un lugar paradisíaco donde el protagonista va a recobrar sus ganas de vivir, un espacio que le lleva al vitalismo: «Se levantaba muy temprano, como solamente solía hacer cuando le dominaba la pasión del trabajo. Estaba en pie antes que la mayoría de los bañistas, cuando aún el sol brillaba suavemente y el mar, en su blancura deslumbrante, yacía entregado a sus sueños matutinos» (p. 90).

En la película, la playa se convierte en lugar para festejar su visión de Tadzio, lo ve con su amigo polaco, mirando a su madre, jugando con una naranja como si fuese una pelota.

Hay una escena que merece nuestra especial atención, es el momento en que el compositor va hacia la playa y pasa muy cerca del joven y de dos amigos suyos (uno de ellos Jaschou). Aschenbach se acerca al joven, momento en que este lo mira como si le aguardase. Pero el compositor se calla, su pasión no conoce palabras, es tan espiritual que el lenguaje no fluye, está agarrotado por el decoro y la vergüenza. Tadzio se va corriendo y Aschenbach se queda solo, herido de nuevo, pero ahora no solo por la incapacidad de entablar un diálogo, sino por el decaimiento físico, lo que le hace agarrarse a un mástil y avanzar (cansado y torpe) hacia las casetas. La enfermedad empieza a impregnarse en su rostro. Vemos en un nuevo zoom su semblante, dolido y enfermo.

En ese momento, suena *Para Elisa* de Beethoven y Visconti nos conduce al Hôtel Des Bains y a Tadzio al piano en el salón del citado hotel tocando la bella partitura. Mientras se oye la música, Aschenbach pregunta al gerente del hotel acerca del sofocante calor veneciano. El director no le da importancia al mismo, alegando que se trata de algo normal en esa estación del año.

Se sigue oyendo la música y, cuando el hombre se retira, el compositor se queda solo en el salón, se oye la música, pero ya no está Tadzio allí. La música se convierte, de nuevo, en un aliento que le trae recuerdos de otra época en un nuevo *flashback* donde vemos a Aschenbach esperando en un burdel alemán a una prostituta llamada Esmeralda, mientras suena *Para Elisa* de Beethoven, tocado por la joven. El compositor entra en la habitación donde se halla la mujer y vemos cómo cierra la puerta. El siguiente plano nos muestra a Esmeralda, medio desnuda, pero con la mirada compasiva hacia el compositor, lo que nos indica que no ha existido relación sexual. Aschenbach, con expresión azorada, se acerca a un espejo (símbolo ya comentado del paso del tiempo, de la dualidad juventud-vejez en la película) y se contempla. Le deja una cantidad de dinero y sale de la habitación. La muchacha agarra la mano izquierda del compositor al ofrecerle el dinero, pero este se la retira.

Vemos a Aschenbach llevándose las manos al rostro, desesperado, ya que no ha podido consumar la relación carnal. Al salir, se oye, de nuevo, *Para Elisa*.

Me pregunto con insistencia: ¿por qué Visconti incide en los *flashbacks*? ¿Por qué completa la historia de la novela con un pasado que nunca aparece en esta? Bajo mi punto de vista, el director italiano muestra su obsesión por el paso del tiempo, reflejando dos mundos, el de la felicidad (la relación con su mujer y su hija) y el presidido por el destino aciago: la primera decadencia (el intento de consumación carnal con la prostituta), la tragedia (la muerte de su mujer y de su hija) y el último eslabón (el que transcurre en Venecia) donde Aschenbach vive su última aventura, camino de la muerte.

Sin duda alguna, alguien puede pensar que la homosexualidad subyace en el vano intento de hacer el amor con la prostituta, pero no lo parece. Creo, más bien, que, para Visconti, el compositor no acepta una relación sin amor, un mero acto físico, sin que venga acompañado por afecto y cariño.

Nada de todo esto aparece en la novela, ya que, para Mann, hubiese resultado impropio de su argumento, mucho más cerebral, donde la reflexión y la meditación están más presentes que en la película que, en mi opinión, otorga más importancia a la sensualidad y al esteticismo, sin olvidar un plano erótico contenido, como refleja la escena del burdel.

El nombre de Esmeralda nos remite a la novela de Mann ya citada, *Doktor Faustus*, donde Adrian Leverkhün requiere los servicios de una prostituta llamada Esmeralda en el capítulo dieciséis. Dice así: «Vino a colocarse entonces a mi lado una morenita de ojos rasgados, chaquetilla española, y con un brazo desnudo me acarició la mejilla» (Thomas Mann, *Doktor Faustus*, Edhasa, 1986, p. 171).

Al entrar en el lupanar, Leverkhün contempla también un piano. No parece casual que Visconti haga tocar a la prostituta en la película el piano sin que nos imaginemos una clara influencia en *Muerte en Venecia* de esta gran novela de Mann.

Todo ello demuestra que Visconti no solo mira a la novela a la que adapta, sino que quiere reflejar otros universos de Thomas Mann, como el que aparece en *Doktor Faustus* o, en algún instante, en *Los Buddenbrook*. No hay que olvidar tampoco *La montaña mágica*, donde el sanatorio al que llega Hans Castorp es un claro antecedente del Hôtel Des Bains.

Tras estos *flashbacks*, vemos a Aschenbach, de nuevo, en el hotel, tras la cena. Sale a la terraza, donde ve a la familia de Tadzio, que, casualmente, vienen del desembarcadero tras haber cenado fuera. Sorprendido, se siente invadido por el pudor, mientras Tadzio lo mira firmemente, con descaro. Nunca en la novela de Mann el joven hubiese mirado así al protagonista, pero Visconti insiste en el poder de seducción que tiene el efebo polaco, en su claro simbolismo encarnando la muerte venidera.

Tanto en la novela como en la película, el muchacho sonríe, pero existen dos lecturas de la misma: Mann considera la sonrisa del joven como un rasgo de su belleza, amparado en la delicadeza griega que le caracteriza, pero Visconti es más ambiguo y su sonrisa quiere decirnos algo más dramático, la constatación por parte de Tadzio (ángel de la muerte) de que Aschenbach ha caído en sus redes, su cuerpo está enfermo del cólera y morirá pronto.

LAS CALLES DE VENECIA. ASCHENBACH SIGUE A TADZIO EN EL ENFERMIZO AMBIENTE DEL CÓLERA

Comienza, tanto en la novela como en la película, la presencia del mal, no ya como símbolo, sino materializado en la gente que Aschenbach encuentra en el camino.

Una frase captada en la peluquería acerca de la marcha de una familia alemana, en la que hace referencia al mal que invade la ciudad, pone sobre aviso a Aschenbach sobre la cercanía del mal.

Desde ese momento, el cólera se va haciendo visible (aunque ya apareció en el hombre moribundo en la estación de ferrocarriles), ahora tenemos la sensación de que la ciudad entera está envenenada por la enfermedad.

Tanto en la novela como en la película, podemos sentir el aroma letal del cólera. Thomas Mann lo describe con verdadera maestría, cuando dice: «En las angostas calles, el olor era más intenso» (p. 112), y lo explica con más nitidez, con una amarga sensación que nos invade por dentro: «Era un olor dulzón, herborístico, que evocaba miseria, llagas y una meticulosa limpieza más bien sospechosa» (p. 112).

Cuenta Mann que en las esquinas de la ciudad había bandos impresos advirtiendo a la población de ciertas dolencias gástricas, propias del verano, anunciando a la gente de la necesidad de no consumir ostras, así como agua de los canales.

Pasamos a un momento importante: me refiero al instante en que el escritor entra en la iglesia de San Marcos, siguiendo a la familia polaca en su peregrinar por la ciudad. La manera en que Mann nos describe la misa que se celebra es impecable: «En el aire flotaba el humo del incienso, envolviendo las débiles llamitas de las velas, y en el perfume suave y penetrante del divino sacrificio se fue mezclando otro: el olor de una ciudad enferma» (p. 115). El joven polaco lo mira y lo busca, hasta que el escritor percibe sus ojos sobre los suyos.

En la película, vemos una sucesión de plano y contraplano. Cuando Tadzio está entregado a la devoción religiosa, Aschenbach lo mira, extasiado por otra pasión, la sensualidad que despierta el joven en un escenario sagrado.

Para Visconti, la figura de Tadzio contiene siempre cierta perversión, como si incitara al compositor a abandonar su castidad y moralidad entregándose al deseo. Pero no olvidemos que en muy pocas ocasiones están el uno cerca del otro, debido al interés del cineasta en mostrar el deseo en la distancia, como hace alguien que mira un objeto que no puede obtener, como un *voyeur*.

Se inicia ya en la novela y en la película una persecución desesperada, la de un hombre enfermo ya por el cólera que quiere ver al objeto de su deseo, sin importarle el cansancio, el abatimiento, como si pusiese todo su ser en ver al ser amado.

Para Mann, ya no hay duda posible, es un hombre entregado al deseo. Por fin, el gran novelista alemán pone a su personaje en una situación febril, lejos de todo raciocinio (como pudimos ver en capítulos anteriores donde dominaba la frialdad sobre las emociones). Ahora Aschenbach destila fiebre, deseo, pasión incontenible: «Su corazón y su cabeza estaban como embriagados, y sus pasos seguían las inspiraciones del Demonio, que halla placer en pisotear la razón y dignidad humanas» (p. 116).

Si en la novela la persecución que sigue a lo que ocurre en la iglesia se lleva a cabo mediante una góndola que Aschenbach coge para seguir los pasos de la familia polaca, en la película, el compositor persigue a la familia a pie, ya que la figura del gondolero no volverá a aparecer más. Visconti quiere mantener la imagen del gondolero ilegal que lo llevó al Lido. La razón es clara, aquella figura era un símbolo de Caronte, el barquero que lleva a los muertos por la laguna Estigia al infierno. Para el director italiano, desde el principio de la película la muerte está presente, frente a la novela, donde la muerte aparece en los últimos capítulos, como un desarrollo natural del cólera en la salud del protagonista.

Si queda alguna duda de ello, merece la pena citar el estudio que Suzanne Liandrat-Guigues hizo de Luchino Visconti, cuando dice: «Por tanto, todo parece resurgir en la obra viscontiniana rica en espectros insólitos y Jean-Claude Guiguet nos propone que imaginemos que, en *Muerte en Venecia*, "la noche con la que arrancan los títulos de crédito sea aquella que sigue a la muerte física de Aschenbach"» (Suzanne Liandrat-Guigues, *Luchino Visconti*, Cátedra, 1997, pp. 92-93).

Es importante citar esta impresión porque Jean-Claude Guiguet considera que el protagonista de *Muerte en Venecia* ya está muerto al comenzar la película y el gondolero (Caronte) lo lleva al infierno que es la ciudad, tal y como la presenta (entre nieblas) el director italiano.

Aschenbach pregunta a varias personas (un empleado del ayuntamiento, el dueño de una tienda) qué ocurre en la ciudad. Nadie va a evidenciar que el cólera es la causa. Parece que ese mutismo tiene que ver con la última escenificación de un juego, donde el protagonista debe enfrentarse al destino, mientras su figura se descompone.

La escena en la que Aschenbach entra en un banco y habla con un contable que le informa de la realidad es memorable. Allí conversa con este, intrigado ante el calor agobiante y el olor de la ciudad. El contable vuelve a lo oficial: el siroco, el verano, etc. Pero, dada la insistencia del compositor, aquel le habla del cólera hindú como causa del olor que inunda Venecia y que ha afectado ya a muchos habitantes de la misma.

Aschenbach, para Visconti, es un hombre bueno que quiere salvar a la familia polaca (y, sobre todo, a Tadzio) del sino terrible que les espera. Por ello, se imagina, en el instante en que el contable revela la verdad, contando a la madre del joven lo que ocurre para que se pongan a salvo.

En su imaginación, la madre de Tadzio le agradece lo que le ha contado y el compositor (tímidamente) pone la mano en el cabello rubio de Tadzio. Todo es un sueño, porque todo contacto físico está prohibido por la moral del protagonista, lo que hace aún más doloroso el estado febril y apasionado del compositor.

Hay un *flashback* en la película en el que podemos ver el entierro de la hija de Aschenbach, el féretro está colocado encima de un carro fúnebre, mientras él y su esposa lloran desconsolados.

En ese instante (que remite a la biografía de Gustav Mahler, el cual perdió a su hija de corta edad en 1907) vuelve a sonar el *adaggieto* de la quinta sinfonía del compositor alemán. Para Visconti, era necesario incluir este *flashback* (que tampoco se menciona en la novela), porque le interesaba incidir en la muerte, en su presencia continua sobre el protagonista. Para Mann, sin embargo, la muerte es solo el resultado de un destino aciago, al llegar la enfermedad a la ciudad.

Llega un momento en que Aschenbach, agotado por seguir a la familia polaca y a Tadzio, se derrumba en una plazoleta y empieza a reír y a llorar al mismo tiempo. De nuevo, como en la escena de la playa, el compositor sufre un desvanecimiento, porque su vida se va apagando paulatinamente, sin solución alguna.

Resultan muy interesantes las palabras que Rafael Miret Jorba dedicó a *Muerte en Venecia* en su libro titulado *Luchino Visconti. La razón y la pasión*, cuando dice: «La epidemia de cólera que asola la ciudad confiere a Tadzio resonancias del exterminador seráfico: la muerte triunfa, implacable, sobre Aschenbach y sobre Venecia» (Rafael Miret Jorba, *Luchino Visconti. La razón y la pasión*, Dirigido por, Barcelona, 1984, p. 195).

Y menciona algo muy importante para entender el poder de las miradas en la película: «La mirada, las miradas, ya existentes en el libro pero mucho más inquietantes en el film, patentizan el impulso reprimido de Aschenbach y son el único nexo de unión entre este y Tadzio, ya que jamás se cruzan una sola palabra» (p. 195).

Y hay otra escena, ya cerca del final de la novela y de la película, que merece nuestra especial atención. Se trata del momento en que unos cantores callejeros amenizan en la terraza del hotel la velada de los huéspedes. Hay un tono irónico en la figura del guitarrista, un personaje visto por Mann y por Visconti con similar maestría.

Mann lo describe así: «Su pálido rostro, con su nariz chata, y su faz imberbe apenas permitían inferir su edad, parecía surcado de muecas y vicios, y armonizaba muy difícilmente con el sonriente rictus de su boca, extraordinariamente movediza, las dos hondas arrugas que aparecían altivas, señoriales, casi salvajes, entre sus cejas rojizas» (pp. 127-128).

La insistencia en mirar a Aschenbach cuando canta el estribillo de la canción nos recuerda al personaje demacrado del comienzo de la novela, al viejo que quiere parecer joven, siendo tan solo una figura sórdida y patética que se dirige también al protagonista. Sin duda alguna, ambos personajes representan el rictus de la muerte, figuras agónicas y grotescas que le van avisando de su destino final.

«El intenso olor a fenol» que tiene el guitarrista cada vez que se acercaba a Aschenbach nos dice mucho acerca de su papel en la historia. La mirada arrogante, atrevida y descarada coincide con la embriaguez del viejo que se dirige a Aschenbach para que dé recuerdos a su «amorcito».

El resto de los huéspedes del hotel miraba a este individuo «con curiosidad y ligera repugnancia» (p. 128), mientras le arrojaban las monedas al sombrero, llevando cuidado para no rozarse con el sórdido tipo.

Tadzio permanece distanciado de la sórdida escena del músico, como si su rostro inmaculado no tuviera nada que ver con ese ser grotesco que se acerca al protagonista. El guitarrista parece esconder, bajo el abundante maquillaje, el cólera que inunda la ciudad.

Puedo considerar que es la única escena en la película en que aparece una nota de vulgaridad en un contexto de extrema pulcritud. Como hemos visto a lo largo del filme, la elegancia y el respeto caracterizan a los huéspedes del hotel, como si se hallasen en otra época. Por ello, el guitarrista supone una intromisión violenta en un ambiente de extremo refinamiento.

Si la música del *adagietto* de Mahler representa la delicadeza, el espíritu elegante de una época, la música de los artistas ambulantes representa, por el contrario, la vulgaridad, la estridencia de un ámbito hosco y detestable.

Otro momento clave de la novela y de la película y que nos precipita hacia el final de nuestra historia es la secuencia en que Aschenbach va a la peluquería para conseguir rejuvenecer su aspecto. Mientras en Venecia la gente enferma debido al cólera, el compositor va hacia la barbería para recuperar su juventud, ignorando la tragedia que le acecha.

Mann lo describe de este modo: «Comparándolo con la dulce juventud que tanto le atraía, sentía asco de su cuerpo envejecido, la vista de su pelo canoso, de sus facciones demasiado acusadas le precipita en la vergüenza y en la desesperación. En el afán de restaurar su físico no salía de la peluquería de la casa» (p. 147).

Tras un espacio de tiempo en que el peluquero tiñe el pelo de canoso a negro a Aschenbach y le hace otros retoques, podemos ver cómo describe Mann el espectáculo del rejuvenecimiento: «Aschenbach, cómodamente instalado, incapaz de defenderse, y por el contrario, con esperanzadora expectación, vio en el espejo arquearse sus cejas con mayor simetría, alargarse las comisuras de sus ojos, aumentarse su brillo gracias a unos ligeros toques de negro en el párpado inferior; más abajo, allí donde la piel había sido un matiz pardusco de cuero, despertarse un carmín delicado;

sus labios, hacía un momento anémicos, henchirse con color de frambuesa, los surcos de las mejillas, de la boca, las patas de gallo desaparecer bajo la acción de cremas, y vio aparecer en el cristal a un jovenzuelo floreciente» (p. 149).

En la película, mientras el barbero lo acicala, suena el *adaggietto*, para remarcar el momento de la máscara, ya que ese rejuvenecimiento es otro acto falso, teatral, lo único que consigue con ello es crear una mera apariencia que no puede esconder el deterioro físico (por la edad y por la enfermedad que asola la ciudad) que vive ya en el compositor.

En este instante de falsa dignidad, el compositor recupera una honra perdida, un aprecio y una estima que había perdido en la secuencia de la persecución por las calles de Venecia cuando Aschenbach caía, de bruces, ante el cansancio y el derrumbe físico, en las calles de la ciudad amada.

Hay, en la novela, algunos momentos más donde Mann describe nuevas persecuciones de Aschenbach a Tadzio por Venecia.

Hace mención, ya bastante fatigado, de unas fresas que come en una tiendecilla de legumbres. No hay que olvidar el sentido metafórico de las fresas en la película de Visconti (en aquella escena en que Aschenbach mira al joven mientras come una fresa, posiblemente enjuagada con agua contaminada por el cólera). Pero no había aparecido en la novela la fruta simbólica, lo que nos hace pensar que Visconti quiso situar el instante en que el protagonista come la fresa por primera vez en un ámbito idílico, el de la playa, frente a este otro momento en que el enfermo compositor come la fruta en las calles malolientes de la ciudad amada. Hay, sin duda alguna, una progresión de la historia en la que el compositor va sufriendo ya los síntomas de la enfermedad, sin que, por ello, desaparezcan los símbolos que presagian su muerte venidera (las fresas, las miradas de Tadzio, los espejos, la música del horrible cantante callejero, etc.).

En mi opinión, Visconti no se resiste a dar a su película un sentido distinto del que tiene la novela, donde la muerte no se adivina, salvo alguna mención como en el momento en que el protagonista viaja en la góndola parecida a un ataúd. En la película, la muerte está presente en muchas escenas, pesa como una metáfora que se materializa en las figuras del viejo del barco, del gondolero ilegal (nunca más va a montar Aschenbach en góndola en la película para no perder parte del simbolismo de la figura de Caronte), en los espejos donde se mira el compositor, en los retratos donde ve los rostros de su mujer y su hija muertas (no se hace mención a ellos en la novela), en los *flashbacks* (que no existen en la obra de Mann), donde asiste al entierro de su hija o en los que se rompe la armonía de la familia en un día de campo cuando llega la tormenta, en las fresas ya citadas, en el guitarrista que expresa, debajo de su máscara, el cólera (también presente en la novela).

EL FINAL. LA CONTEMPLACIÓN DE LA BELLEZA Y LA MUERTE DE ASCHENBACH EN LA PLAYA

Aschenbach descubre que la familia polaca se marcha, debido al cólera que inunda la ciudad.

En la obra de Mann, el novelista decide ir a la playa. El escritor alemán describe, de nuevo, el ámbito donde creció la fascinación de nuestro protagonista hacia el joven Tadzio: «La playa ofrecía un aspecto inhóspito. Por encima de la anchurosa y lisa superficie que separaba la orilla del primer banco de arena, retrocedían, estremecidas, las rizadas olas» (p. 156).

Contempla el novelista a los chicos jugando, a Tadzio y a su amigo luchando en la arena, como si de dos gladiadores se tratase, la victoria del otro joven sobre Tadzio estremece al novelista, que contempla cómo se sienta encima de él y no le deja, apenas, respirar.

Tras ello, el joven Tadzio se incorpora, tras soltarle su amigo, y camina solo, enfadado por la violencia que el otro ha ejercido sobre él. Aschenbach lo mira cómo dibuja figuras de arena en la orilla del mar, con su traje a rayas y su cinta roja.

El hermoso momento en que Tadzio se gira para mirar a Aschenbach, mientras apoya su mano en la cadera, contemplando, a su vez, el mar, es inolvidable. El joven efebo va adentrándose en el agua, como si fuese llamado por el océano. El novelista lo mira, abstraído, entusiasmado por la silueta del hermoso joven en el escenario marino.

Aschenbach lo contempla fijamente y ve cómo Tadzio le sonríe fijamente mientras señala con su dedo el infinito. Nuestro protagonista intenta levantarse para seguir al joven, como si no importase más que el camino que este le traza. Pero se desploma al lado de la silla y muere.

De este modo nos lo cuenta Thomas Mann y acaba su gran novela. ¿Qué ocurre en la película de Visconti?

Hay un detalle en la película que no está presente en la novela, pero que es decisivo para entender el sentido que el director italiano otorga al filme. Me refiero al momento en que el tinte del pelo del compositor empieza a derramarse por el rostro al final de la película.

Sin duda, Visconti quiere insistir en que el tiempo es nuestro hacedor, él nos lleva y nos trae y nos conduce a la muerte. De nada sirve el rejuvenecimiento al que se somete el compositor en la barbería, porque la vida le ha sellado con un destino adverso.

En la escena final, Aschenbach está desplomado en la tumbona. Un zoom nos acerca su rostro poco a poco. El tinte corre por su mejilla derecha. Mientras Tadzio sostiene su mano en la cadera y se adentra en las aguas, en actitud reflexiva, como ser activo que ha conducido la vida de Aschenbach desde el primer encuentro entre ambos, este, pasivo, se muere inmerso en la imagen de su ser amado.

En la película, al girarse Tadzio para mirar al compositor mientras señala al horizonte, vemos (en un contraplano) a Aschenbach llorando y riendo al mismo tiempo.

El hecho de que Visconti exprese de forma tan explícita el tinte del pelo corriendo por la mejilla del compositor tiene mucho que ver con el discurso de la película: solo una vuelta a su mismo ser, sin máscaras, puede llevarle a la dignidad perdida en el momento de morir.

Los cuatro últimos planos muestran al mozo de la playa corriendo hacia el compositor, mientras unas damas contemplan lo ocurrido e intentan alejar a unas niñas de la imagen de la muerte que representa Aschenbach.

¿Es Tadzio un dios o un ángel de la muerte? Indudablemente, su figura retoma caracteres míticos, como el *Fedro* de Platón (Mann habla en la novela de este personaje). Lo cierto es que Tadzio conduce a Aschenbach a su destino, la muerte, representada en su palidez, en sus miradas burlonas, como si siempre hubiese estado allí para conducir al compositor a su última morada.

No importan las suposiciones, podemos pensar que Visconti inicia el relato con un muerto (Aschenbach) a través de un gondolero (Caronte) o creer que la muerte viene luego a través de Tadzio y la fascinación que este despierta en Aschenbach. Fuera de posibles interpretaciones, la película termina majestuosamente, sin que nos abandone la música de Mahler, el famoso *adaggieto*, tan conmovedor para todos los amantes de esta magistral e inolvidable obra maestra del cine.

CONCLUSIONES: MANN Y VISCONTI EN *MUERTE EN VENECIA*

Quiero terminar este estudio refiriéndome a la clara diferencia que existe entre la novela y la película.

Si para Mann la aventura de Aschenbach es bastante intelectual y solo a la mitad de la novela cobrará tintes emotivos, para Visconti toda la película está inmersa en el ámbito de las emociones, en la importancia que tiene el tiempo (los *flashbacks* son claves para entenderlo), en la presencia constante de la muerte (desde la imagen nebulosa de Venecia al principio de la película, pasando por el viejo que va en el barco o el gondolero hasta la figura del guitarrista que simboliza la enfermedad y la muerte venidera de Aschenbach).

No excluye Mann esas referencias (ya que la góndola se asemeja a un ataúd), pero Visconti le otorga a la película un tono más enigmático, más sensual, donde podemos contemplar, con fascinación y horror, el mundo de los infiernos al que es conducido el compositor cuando el gondolero (Caronte) lo lleva al Lido (la laguna Estigia).

Para evidenciar aún más la intención de Visconti, merece la pena citar unas palabras de Rafael Miret Jorba en su estudio dedicado al realizador italiano en la revista *Dirigido por*, cuando se refiere a Tadzio, visto por Visconti: «A la vez inocente y perverso, Tadzio, variante andrógina de la Lolita nabokoviana, acabará destruyendo a Aschenbach. Su excelente juventud hace todavía más ostensible el deterioro de la vejez» (Rafael Miret Jorba, *Dirigido por*, Barcelona, 1984, pp. 193-194).

Confesó Visconti en una entrevista a Lino Miccichè en Bolonia en 1971 que el tono paródico de Mann era imposible de reproducir en su película: «El tono paródico e irónico manniano era irreproducible en el film porque es esencialmente una dimensión formal de la narrativa de Mann, que se manifiesta en la escritura y en el estilo». (Reproducido en *Dirigido por*, 1984, p. 276).

Señala que, al querer representar en imágenes esa ironía, lo había conseguido en algunas ocasiones, como en la secuencia en que el músico está en la barbería, porque aquí la máscara está reflejando la antesala de la muerte. Para Visconti supone una clara metáfora de un final inevitable y que el maquillaje (con el propósito de rejuvenecer al músico) no puede cambiar.

Para ver la importancia de la técnica en la película, he escogido unas hermosas páginas dedicadas a Visconti por Suzanne Liandrat-Guigues cuando se refiere al zoom, tan utilizado en *Muerte en Venecia*: «Al espectador se le pide hacer zoom mentalmente, ya estar en un plano cercano, ya estar en un plano lejano. El zoom es una figuración del movimiento cuando enfoca a los rostros» (Suzanne Liandrat-Guigues, *Luchino Visconti*, Cátedra, 1997, p. 157). Y dice algo que me parece muy atinado en Visconti, porque este director conoció el sentido de lo que se nos escapa y buscó el momento efímero de las cosas en su breve permanecer: «La visión viscontiniana tiene una gran deuda con la poética de Leopardi, que une mediante un mismo movimiento dialéctico lo finito y lo infinito, lo efímero y lo eterno en una misma percepción de la vanidad de las cosas» (p. 157).

Si Visconti nos abrió Venecia a nuestros ojos en *Senso* (1954) en los espléndidos mundos de la aristocracia, en *Muerte en Venecia* nos deja un aroma decadente y una Venecia muy lejana de aquel mundo de oropeles y de fiestas. Sí es cierto que los huéspedes del hotel son aristocráticos, porque Visconti no sabe y no puede renunciar a su mundo (el de *Senso, El gatopardo, Ludwig* o *El inocente*) cuando quiere contar algo muy grande, como es el desarrollo de esta película inolvidable.

Y hay algo que el director italiano posee en grado sumo: meticulosidad. Ese afán de perfeccionamiento cala en la película, nos inunda plano a plano. Los *flashbacks*, los detalles cargados de simbolismos, hacen de la película una gran obra. Hay, desde luego, mucho de la novela de Mann (magistralmente escrita), pero también de *La montaña mágica*, del *Doktor Faustus*, incluso, en el nombre de Aschenbach, de *Los Buddenbrook* (novela que adaptó en la muy notable *La caída de los dioses*).

¿Qué puedo decir entonces? Solo que la novela es magnífica, llena del raciocinio y el intelectualismo de un escritor magistral, pero la película nos revela una visión completa de un mundo que muy pocos directores han conseguido plasmar: elegante, distinguido, bello y decadente.

Todo ello confirma que nos hallamos ante una obra maestra, algo más que cine, como dijo el gran poeta alcoyano Juan Gil-Albert en *Viscontiniana*, y, desde luego, arte que no ha de morir nunca.

El inocente, un hombre solo entre dos mujeres

A lo largo de la historia del cine, ha habido muchos inocentes, desde aquellos que eran explotados por el señorito y el antiguo caciquismo en la adaptación de la famosa novela de Miguel Delibes que realizó Mario Camus en 1984, *Los santos inocentes*, con un reparto de lujo, Landa, Rabal, Terele Pávez o Juan Diego, entre otros, hasta los niños inocentes, solo en apariencia, de la película de Jack Clayton de 1961, con Deborah Kerr (la primera que encarnó el papel de institutriz, luego lo haría Nicole Kidman, en la película de Amenábar, *Los otros* (1961), como todos recordáis), basada en la novela de Henry James, *Otra vuelta de tuerca*. Curiosamente, el título original de la película de Clayton era *The Innocents*, aunque aquí se tituló, *Suspense*. Ha habido tantos inocentes en la historia del cine que ahora me viene a la memoria la sonrisa de James Stewart al final de *Qué bello es vivir* (1946) de Frank Capra, la historia de un hombre bondadoso que está a punto de perderlo todo. Hay inocentes que acaban de nacer y que puede que no crezcan como adultos, porque alguien acabará con ellos.

Pero he elegido para este tema una película que me gustó especialmente y que representa el testamento fílmico de Luchino Visconti, me refiero a *El inocente* (1976), su última película. Si el cine del magistral director italiano es todo un homenaje a un tiempo que se acaba, a una forma de vida que se marcha para siempre, recordemos la mirada del príncipe de Salina (genial Burt Lancaster) en *El gatopardo* (1963), entre otras grandes cintas de Visconti, en esta película, la recreación detallada y minuciosa de otra época es absolutamente impecable (en la línea de *Senso* [1954] o *Muerte en Venecia* [1971], dos de mis películas favoritas del director italiano, junto a la que comento y *El gatopardo*).

La historia nos cuenta la vida de una pareja, Tullio Hermil (Giancarlo Giannini, magistral) y su esposa, Giuliana (Laura Antonelli, una de las actrices más sensuales del cine italiano de los años setenta). Ambos llevan una vida licenciosa, sobre todo, Tullio, quien mantiene relaciones con la condesa Teresa Raffo (la olvidada Jennifer O'Neill, aquí inolvidable en su porte elegante), una joven y atractiva viuda que es amante de Tullio; tanto es así que el director nos ofrece repetidas imágenes de los dos en el lecho, hablando, como si Teresa fuese también la confesora de un hombre atormentado e insatisfecho como Tullio. Este hace partícipe de sus intenciones a su mujer, manifestando que ya no la ama, aunque siente por ella cariño y estima. El mismo día en que la pareja adúltera inicia el viaje, llega el hermano de Tullio, Federico, con permiso de la academia militar. Aquel pide a este que cuide de su esposa en su ausencia, pero Giuliana conoce, gracias a Federico, al escritor Filippo d'Arborio (Marc Porel), con el que inicia una relación, hasta el punto de quedarse embarazada de él. Tullio se siente más atraído por su esposa a la vuelta de Venecia al ver que la corteja Filippo, pero desconoce el grado de confianza al que han llegado. Cuando conoce el embarazo de su mujer y sabe que ese hijo no es suyo, le pide que se deshaga de él, pero Giuliana no quiere. En una ocasión, en vísperas de Navidad, Tullio le pide a la nodriza que quiere estar con el niño, Giuliana ha salido, la mujer le da permiso y Tullio, enfermo y obsesionado con ese hijo, fruto del adulterio de su mujer, lo pone a la intemperie y muere poco después. Al final, Tullio, atormentado por la culpa, se suicida en presencia de su amante, Teresa Raffo.

La polémica llegó para Visconti por adaptar la historia de un escritor de pasado maldito (basada en una novela de D'Annunzio, un escritor decadentista, muy querido por el fascismo italiano por las simpatías que aquel tuvo por la ideología fascista), lo que llevó al director a justificar su película alabando la prosa del escritor, pero repudiando la ideología que sostuvo en sus escritos críticos. Pero Visconti, como en otras de sus películas, buscaba la idea del inocente, alguien que no estuviera mancillado por la culpa, ya que los personajes adultos usaban la doble moral, la hipocresía en sus acciones. Por ello, el inocente es el niño, fruto de la culpa, un ser que es condenado nada más nacer por un hombre atormentado, que lo tiene todo, pero no tiene nada. Recordemos que en *Muerte en Venecia* (basada en la gran novela de Mann, *La muerte en Venecia*), el personaje del inocente es Tadzio, un joven polaco, del que se enamora Aschenbach, el ilustre compositor (novelista en la obra de Mann), pero la inocencia es falsa, porque este personaje conduce al músico a un camino fatal, que acaba en la muerte. El poder metafórico de este inocente nada tiene que ver con el niño que tiene Giuliana, pero ambos son el resultado de una culpa, la de la infidelidad de Giuliana, consecuencia de los adulterios de Tullio, y el de *Muerte en Venecia* de la culpa de un hombre que no puede reconocer la dimensión de una pasión homosexual.

La atracción de Visconti por D'Annunzio viene con la presencia continua de escenarios lujosos, ya que *El inocente* es una de las películas más barrocas y ornamentales del director italiano. La presencia continua de cortinas, alfombras, mármoles y dorados, ahogan a veces la película, pero su función es la de presentar un mundo ocioso y decadente: la suntuosidad de las habitaciones de Teresa Raffo, los trajes negros de los protagonistas en la muerte del niño, los sombreros y los velos opacos de Giuliana con los que cubre el rostro son, como detalle curioso, una clara inspiración de los que usaba la amante de D'Annunzio, Eleonora Duse. Son también metáfora de una mujer que se esconde por fuera, como muchas mujeres de la antigua Italia, donde el hombre, su machismo, pesa sobre ellas, educadas para ser madres o esposas.

La película tiene dos espacios bien diferenciados: la sala de esgrima donde Tullio practica el deporte con sus posibles rivales amorosos, demostrando su alto sentido del machismo; y la alcoba, vemos escenas donde charla con su amante, parece más una confidente que una persona a la que ama, pero también vemos al donjuán romano buscando sexualmente a su mujer, la inolvidable

Laura Antonelli, la cual demuestra su enorme potencial sensual en esta y otras películas de la época, pero, con la mirada de Visconti, la sensualidad de la actriz siempre es vista con decoro y con clasicismo, lo que no ocurrió en otras películas de esta olvidada actriz italiana.

Una escena muy interesante es la que ocurre en la ducha, después de la esgrima, cuando contempla al hombre que ha estado con su mujer, donde Tullio admira a su oponente y lo imagina en los brazos de su mujer; también el cuerpo de Giuliana, en la inolvidable escena de Villa Lila, cuando él le reprocha a ella que nunca ha sido su amante, porque nunca se ha ofrecido a él en cuerpo y alma. Vemos el cuerpo, de nuevo, de la Antonelli y sabemos que nadie ha traspasado el umbral del amor, que es un cuerpo al que nadie ha accedido en su plenitud, ni Tullio ni Filippo.

Visconti fue rodando la película, ya enfermo, mientras muchos admiradores se acercaban a rendirle pleitesía, porque el maestro representaba la historia del cine italiano, ya que todo su cine abarca un tiempo ido, la recreación de todo un mundo fastuoso que se ha ido para siempre. La imagen del inocente, el niño recién nacido, expuesto en la ventana, al frío de diciembre, nos sobrecoge, porque vemos en la mirada de Tullio a un hombre atormentado, insatisfecho, que lo ha tenido todo, pero no ha disfrutado de nada, ni de las mujeres ni de la riqueza de su posición. El nacimiento de un niño no deseado se convierte en el final de un hombre indeseable, que ha llegado al asesinato de un ser inocente.

La muerte de Tullio es la de un testamento cinematográfico que pesa en nuestra mirada, la última de un corolario de muertes escénicas (ya que el cine de Visconti siempre fue muy teatral), donde nos llegan las imágenes del gran Dirk Bogarde (Aschenbach en *Muerte en Venecia*), la de Frank Mahler, en la inolvidable *Ludwig* (1972), otro fresco portentoso, el príncipe de Salina en *El gatopardo* o la del profesor en *Confidencias* (1974), otra película de gran hondura del último Visconti.

La música de Chopin, de Mozart o Liszt acompañan esta película, donde Visconti filma la culpa de un hombre atormentado por la vida, un hombre que vierte en un inocente, un recién nacido, todo su desprecio por su condición humana. Por ello, el crimen es mayor, no podemos exculpar a Tullio (Giannini en un estupendo trabajo), porque ha cometido el mayor de los pecados: matar a un inocente. Es un nuevo Herodes en este testamento maravilloso de un director inolvidable, el gran Visconti.

Parte

CINE NEGRO: LA SOLEDAD EN UN MUNDO OPRESIVO

Deseos humanos: el destino fatal de los personajes de Lang

Deseos humanos (1954) es una de las grandes muestras de la soledad de los personajes de Lang, cuyo destino está trazado por la adversidad.

Es un *remake* de una película de Jean Renoir, al igual que Lang recreó la versión que hizo el cineasta francés de *La golfa*. La idea de hacer esta historia (la película de Renoir se llamó *La bête humaine*) dio unos estupendos frutos porque la película tiene la temperatura de un mundo claustrofóbico donde un grupo de personajes solitarios tienen que enfrentarse a la fatalidad de sus vidas.

La historia está basada en un relato de Émile Zola, ya sabemos que el escritor francés se caracterizó por crear mundos depravados y por ser el adalid del naturalismo, escuela en la que se evidenciaban las peores características del ser humano. Por ello, la película rastrea en esos mundos sórdidos, ambientada en el mundo del ferrocarril, donde, como si de una metáfora se tratase, la vida pasa rauda, como los trenes, sin que podamos cambiar el destino que les conduce a sus lugares de llegada.

Carl Buckley es un hombre anodino que acaba de ser despedido de su trabajo en el ferrocarril. Tiene una joven esposa, Vicki, la inolvidable Gloria Grahame, que intenta interceder sobre un hombre influyente para que Carl recupere su puesto; lo consigue, pero Carl, invadido de celos, descubre que ambos fueron amantes en el pasado y decide asesinar a Owens.

Entra en escena un excombatiente de Corea (papel que interpretó el notable y atractivo Glenn Ford) y, después de ser seducido por Vicki, esta le pide que mate a su marido. Al final, Ford abandona la idea. La marcha de ella, tras la negativa de Ford a cometer el asesinato, produce el malentendido de su marido, el cual cree que ambos han huido juntos; encuentra a su mujer y la estrangula.

Podemos pensar, con un argumento así, que la bestia humana (siguiendo el título de Renoir) es el marido (interpretado por un excelente Broderick Crawford) pero, en realidad, se trata de la mujer, capaz de seducir a varios hombres, despertar los celos de su marido. La mujer es, sin duda, un ser malévolo que trae la tragedia a todos sus protagonistas.

Los temas de Lang están en la película: el adulterio, la soledad, la violencia, la idea de la manipulación de unos seres sobre otros, etc.

Para Quim Casas, en su notable estudio sobre Lang en la colección «Cátedra. Signo e Imagen», la planificación de la película es envidiable, lo que demuestra que el cineasta vienés era un artífice del cine en todas sus perspectivas:

«La planificación de Lang es determinante en este sentido: les dedica a Warren y a Vicki un plano medio mientras se abrazan por vez primera y, cuando inician su beso, acerca la cámara en corto y casi imperceptible *travelling* como si quisiera vulnerar ese aparentemente feliz encuentro amoroso» (p. 211).

Por ello, la fatalidad está presente, es una película donde la inmensa soledad de los protagonistas no hace concesiones, ninguno de ellos tiene nada realmente, Carl quiere solo poseer como un objeto a Vicki, esta desprecia a Carl (otro hombre sin atributos de la filmografía de Lang, siempre con las mismas características, poco agraciado, a veces violento, raro y celoso) y el personaje de Glenn Ford viene también de la soledad, de la guerra y del desencanto vital. Sí es, sin embargo, un hombre con conciencia, porque el deseo de tener a Vicki no le lleva al asesinato, sino que le refrena su criterio ético.

Miguel Marías, el gran crítico de cine, también cita el tema de la fatalidad a raíz de esta película, cuando dice lo siguiente en un artículo de la revista *Nuestro cine*, perteneciente a octubre de 1969: «Como ese tren no puede salirse de su vía, los personajes languianos no pueden huir del destino implacable que rige y guía sus vidas».

Cierto, porque la película se centra en la fatalidad de cada uno de ellos, en el *fatum* terrible que les lleva a ir perdiendo todo lo que tienen, como si estuviesen tocados por la mala suerte.

Laura de Preminger: la soledad de una mujer fascinante

Se han hecho muchas películas con policías, algunas tan convencionales como las que ha rodado Stallone o tan interesantes como las que protagonizó Clint Eastwood como Harry, el Sucio, también Nueva York ha sido escenario de títulos tan conocidos como *Distrito Apache: el Bronx* (1981) de Daniel Petrie, donde Paul Newman y Edward Asner compartían protagonismo, en una cinta interesante sobre las dificultades de la policía de Nueva York. Las hay impactantes, casi escatológicas, como la que protagonizó Al Pacino a las órdenes de William Friedkin, *A la caza* (1980), cinta donde el policía entra en la dinámica del mundo homosexual, para descubrir a un asesino de *gays*, objetivo que irá convirtiendo al policía en otro hombre, un ser transformado por el mundo que ha conocido, en la famosa escena final cuando su chica, Karen Allen, le llama y él ya sabe que no es el mismo hombre, sino otro muy distinto, algo ha cambiado en su sexualidad.

Pero las hay más clásicas, películas que no han perdido un ápice de su grandeza, como *Laura* (1944) de Otto Preminger, donde Dana Andrews es el policía encargado de descubrir el asesinato de Laura Hunt. El policía tiene, sin duda, un gran protagonismo porque mantiene su peso en la historia, es el hombre que entrevista a todos los que conocieron a Laura, el que descubrirá que Laura no ha muerto y el que se enamora de la bella mujer (papel interpretado por Gene Tierney, una de las más mujeres bellas del cine americano clásico).

Pero habría que empezar por el rodaje, difícil, porque Zanuck, el grande de la Fox, no quería que Preminger dirigiera ninguna película más en su compañía, tal era el odio que le tenía. El director comenzó a desarrollar el guion de *Laura* con el escritor Jay Dratler, tras rechazar la autora de la novela la adaptación de su texto a la pantalla. Zanuck llegó a leer el guion y convocó a Preminger a su despacho. El famoso productor había prometido que el director vienés no trabajaría más en la Fox, así que envió el guion a otros directores, entre ellos, Walter Lang o Lewis Milestone. Estos rechazaron la propuesta, que fue aceptada por Rouben Mamoulian.

Otto no se desligó de la película, ya que contribuyó al guion; pese a que la relación con Mamoulian no era buena, contrató a Samuel Hoffenstein y Elizabeth Reinhardt. Fue Hoffenstein quien ideó algunas de las mejores escenas de la película, quedando el trabajo de Jay Dratler en segundo plano.

Muy poco tiene que ver la película con la novela original de Vera Caspary, ya que el proceso del guion fue muy intenso y cambiaron muchos de los diálogos de la novela. Sí conservaron la idea eje de la película, la aparición de una mujer desfigurada y asesinada con una escopeta y la aparición de la mujer a la que se creía muerta, Laura. Es curioso que una novela, que Vera Caspary se negó a adaptar al cine, de segunda categoría se convirtiese en una cinta de primera, cuando la autora de la novela, muy convencida de su gran historia, creía que pasaría lo contrario.

Pero, tras veinte días de rodaje y viendo el copión de lo rodado, Zanuck se dio cuenta de que Mamoulian, pese a ser uno de los grandes directores, no encajaba para su proyecto. Aquel, pese a su orgullo, contrató a Preminger como director. Preminger cambió muchas escenas, cambió el vestuario y retocó el decorado. Sustituyó el cuadro del retrato de Laura Hunt pintado por la mujer de Mamoulian (Azadia Newman) por una fotografía de Gene Tierney, retocada para que pareciese un óleo. La fotografía también fue otro de los cambios esenciales, porque Preminger decidió que fuera Joseph LaShelle el que relevara a Lucien Ballard, el cual no aceptó al director vienés como el nuevo realizador de la cinta.

Laura es, sin duda, cine negro del mejor, pero también es la historia de una obsesión para un policía (MacPherson, papel interpretado, como ya dije, por Dana Andrews), quien investiga el caso de la muerte de Laura Hunt. Inolvidable es el momento, fotografiado con maestría por LaShelle, cuando McPherson se duerme ante el retrato de Laura, para despertar frente a la mismísima mujer que ha creído muerta desde el principio de la historia, pero muy viva por el retrato que preside la casa, por las conversaciones con algunos de los que la conocieron, lo que nos recuerda a *Ciudadano Kane*, ya que la cinta comienza con un recorrido por personas que pueden dar su visión de la mujer asesinada, como ocurrió en la cinta de Welles cuando un periodista se interesa por ese personaje apasionante que fue Kane. El juego de luces y sombras resulta magnífico, lo que dota a la cinta de un magnetismo muy brillante, una fascinación por la mujer que nos identifica plenamente con el investigador, ya enamorado de ella.

La ausencia de Laura es siempre un equívoco, porque no desaparece del cuadro donde el policía la contempla en repetidas ocasiones, esa idea del cuadro como elemento vital emparenta a Preminger con la película de Fritz Lang, *La mujer del cuadro* (1944), cinta rodada el mismo año que *Laura*, cuando Edward G. Robinson cree que esa mujer que mira en un óleo es real, lo que refuerza el mundo gótico al que pertenece esta magnífica cinta de cine negro, ya que en las novelas góticas los cuadros son esenciales para desentrañar aspectos primordiales de la trama. La música de David Raskin es perfecta para que sintamos la presencia de la mujer desde el principio, cuando Waldo, el elegante amigo de Laura, interpretado por un extraordinario Clifton Webb, cuenta en *flashback* las charlas con ella, engrandeciendo su figura. La voz en *off* de Waldo como introducción y narración del relato nos invita a asistir a una historia cada vez más absorbente, donde nos identificamos con el policía enamorado, porque la mujer nos fascina desde el primer momento.

No sería justo dejar de mencionar los diálogos que contiene la película, de gran altura, como nos tiene acostumbrados el cine clásico, con respecto a la banalidad de muchas de las conversaciones de películas actuales, más ensalzados por los efectos especiales que por la ironía y la inteligencia de los diálogos, como sí ocurre en esta película de antología.

Nos fascina no solo Laura, la belleza de Gene Tierney, sino también la personalidad de Waldo, ya que él es el creador de la mujer, quien la enseñó a estar en el mundo, hombre obsesivo, frío, celoso,ególatra y soberbio, principal sospechoso de la muerte de una mujer, la cual no es Laura, aunque así lo creía todo el mundo al comienzo de la película. Shelby Carpenter (un muy acertado y notable Vincent Price, mucho más que un actor de cine de terror) es un vividor que conoció a Laura, quien también da su visión de los hechos. Pero McPherson, pese a ser un hombre algo hierático, algo soso, es el gran médium de nuestra historia, ya que, como policía, con su obsesión y su fascinación por la mujer, nos invita a que nos enamoremos de ella.

Y, por último, la mujer, la que se convierte en nuestro objeto de deseo, una persona fría, que sirve a la inteligencia de Waldo para que este vaya perdiendo el control y ella pueda ser la vencedora de la historia, sabe que es la musa de un hombre que pide más a la vida, un escritor, Waldo, que puede llegar al crimen para conseguir sus deseos. Por ello, es la mujer fetiche, la hembra que se convierte en pulsión sexual (incluso necrófila) para McPherson, pero también en objeto de museo para Waldo, quien es destruido por la criatura que ha creado, en un *remake* encubierto del mito de Frankenstein. Película de policías y de cine negro, pero mucho más, sin duda alguna, una cinta que mejora como el buen vino, una obra maestra indudable.

Chinatown:
la soledad de los setenta

Con esta cinta, Polanski ingresa en el verdadero lugar de los maestros, después de haber hecho *Repulsión* y otras cintas olvidables.

Con Jack Nicholson, un hombre solitario, como protagonista, interpreta a J.J. Gites, un detective al que se le encarga una difícil misión: encontrar a una mujer fatal. La película logra introducirnos en el cine negro, nos envuelve con esa atmósfera de película donde la intriga y el suspense va *in crescendo*. Sin duda alguna, nos hallamos ante una cinta cuidada, esmerada, donde Faye Dunaway dota a su papel del misterio de la mujer fatal y demuestra el gran talento de la actriz americana.

Chinatown logra que el cine negro vuelva a tener importancia en los años setenta, con esa fotografía cuidada, con esos planos que nos muestran los mil rostros de Nicholson, un actor expresivo y muy notable, que alcanzó sus mejores papeles en los años setenta.

La escena en que Polanski aparece, haciendo de malo que hiere a Nicholson, nos recuerda al cine de Hitchcock cuando el famoso director aparecía en sus propias películas, claro homenaje al maestro del suspense.

Chinatown es una película que va desvelando sus múltiples espejos, los de la mujer que juega con el hombre, los de una trama donde el gran John Huston hace de marido de Faye Dunaway en unas secuencias que no olvidaremos.

El largo adiós:
el gran cine de Robert Altman

Con esta cinta, Elliot Gould se consagró como actor. Basada en la novela de Raymond Chandler, la película es una excelente adaptación de la gran novela de este genio de la narrativa policíaca. La película destila soledad en sus imágenes con ese detective triste y de mirada elegíaca hacia la vida.

El largo adiós nos atrapa con sus imágenes lentas, donde podemos ver la mirada absorta de un actor algo atolondrado, Gould, en una trama que le supera, un detective que carece del atractivo de galanes como Paul Newman (recordemos la notable *Harper, investigador privado*), pero que realiza aquí un papel que nos demuestra su talento para hacer de detective en una trama extraña que tiene múltiples madejas.

La mano de Robert Altman logra que la película nos vaya fascinando, nos atrape en un mundo obsesivo, donde nada es lo que parece, película de bella fotografía y donde la mirada de los actores transmite buen cine en cada plano.

El cine negro:
cine clásico inolvidable

Sin duda alguna, estas películas y otras muchas, como *Scarface*, *Cayo Largo*, *Tener y no tener*, etc., han conformado lo mejor del cine negro.

Ahora que hemos perdido a Elmore Leonard, escritor de cine negro, se hace necesario recordar estas películas magistrales de Fritz Lang y de Preminger, verdaderos monumentos al mundo del cine policíaco, donde los personajes siempre esconden más sombras que luces, con mujeres de belleza perversa que utilizan a los hombres, poseídos por sus encantos.

El cine negro queda en nuestra retina, porque muchos grandes escritores posibilitaron, en los lejanos años cuarenta, que sus novelas o sus guiones fuesen adaptados al cine, como James M. Cain, Dashiell Hammet o Raymond Chandler, entre otros.

Si tuviese que quedarme con una escena, me quedaría con la mirada de Dana Andrews, enamorado de Laura, la bella Gene Tierney, verdadero cine, una obra maestra indiscutible, donde podemos sentir el peso de la fascinación que representa el buen cine negro. Luego llegarán *El crepúsculo de los dioses*, *Perdición*, *Chinatown*, *El largo adiós* y tantas obras, películas siempre magistrales por tratarse de obras hechas con el talento de los grandes.

Parte

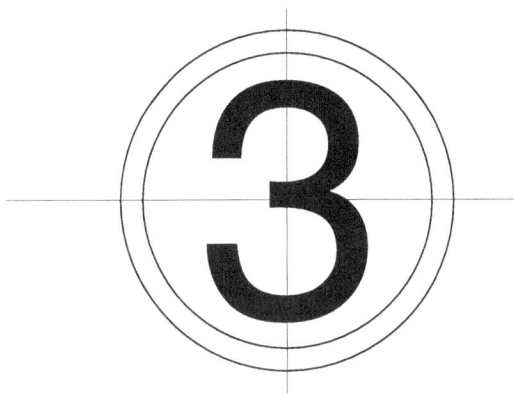

UNA MIRADA A GRANDES DIRECTORES

Introducción

La soledad es una palabra que nos habla del mundo real, de muchos seres anónimos que descubren trágicamente su desubicación vital, de la mirada del hombre a un espacio hostil, de los rincones donde el ser humano mitiga su pena, como puede ser, entre ellos, el cine, la sala donde se proyectan películas.

Este tema estaba en mi cabeza, cuántas veces había visto a solitarios sentados esperando que las imágenes de una película los devolviesen a la vida, los reconciliasen con el mundo real. Quizá porque yo he sido uno de ellos, un hombre que buscó en las películas algo mejor que la propia vida, que soñó con esos actores y actrices, los cuales aún viven en su retina; el cine, lo más grande, donde la vida parecía otra cosa, nada semejante al espectáculo de coches y de ruidos cotidianos.

La soledad de esos seres me invitó a reflexionar y pensé que el séptimo arte también había hecho una radiografía de la soledad en muchas películas, porque el cine había convocado a los espíritus de los seres más duros, más heridos por la vida, para que el espectador sintiese alivio al ver que su soledad no era tan grande como la de esos actores inmaculados con los que había soñado. Chaplin, ¿alguien duda que sus películas no hablan de un hombre solo que se enfrenta a los demás, como demostró también *La quimera del oro* o *Tiempos modernos*? Valentino, ¿no nos hace pensar que ese galán romántico, conquistador de mujeres, era en realidad un solitario? ¿Y qué decir del gran Jack Lemmon en *El apartamento* o de Robert de Niro en *Taxi Driver*?

La soledad persiguió a los personajes de Truffaut, como el célebre Antoine Doinel; también el cine de Antonioni como *La notte* o *Il deserto rosso*; no podemos olvidar a Bergman, cuando Max von Sydow jugaba una partida de ajedrez con la muerte en *El séptimo sello*. ¿Y qué decir de Norman Bates, aquel personaje sórdido de la película de Hitchcock que esconde a su madre muerta en la casa mientras él asesina en el motel?

La soledad está en los personajes de Fassbinder, de Pasolini, de Welles. ¿Hay alguien más solo que el hombre que todo lo desea, el famoso William Foster Kane de *Ciudadano Kane*? ¿O podemos creer que el cine de Fellini con su inolvidable Mastroianni no esconde un hombre solo que conquista a las mujeres, pero que, en el fondo, no tiene a ninguna? ¿Y *Lawrence de Arabia* de David Lean, cuando Peter O'Toole conquista el desierto en la inmensa soledad de su obsesión, dándose cuenta de que es solo un hombre ante tanta grandeza? A continuación, los grandes del cine y un tema universal.

Fritz Lang: la soledad de una sociedad mezquina

La mirada de Fritz Lang es la de un creador que ha dado al lenguaje cinematográfico seres atormentados, historias llenas de personajes que carecen de conciencia, sino también, y lo que es más importante, una radiografía de la sociedad, con sus mezquindades y sus atributos.

Lang nació en Viena el 5 de diciembre de 1890, era hijo de Paula Schlesinger, mujer de ascendencia judía, y de Anton Lang, arquitecto jefe de los trabajos públicos de la ciudad. Lang aprendió de su padre el mundo de la arquitectura; no en vano, se matriculó en la Escuela Superior Técnica de Viena.

No hay que olvidar que la arquitectura es una clara influencia que puede verse en las películas de Lang, como los grandes espacios en que ocurren partes de los hechos de películas tan afamadas como *Metrópolis* o los ambientes fantasmagóricos de filmes tan interesantes como *Moonfleet* (el cementerio) o *Más allá de la duda* (la cárcel).

Lang es, sin duda alguna, un creador que cincela todo lo que toca, un hombre que da vida a proyectos que nos podrían parecer casi inverosímiles (como en el caso de *Metrópolis*), pero, que una vez realizados, gozan de la inmortalidad que confieren las obras maestras.

Pero Lang no siguió arquitectura, ya que le tentaba más el dibujo. Se apuntó a la Academia de Artes Gráficas de Viena, pero luego, aburrido de sus estudios allí, acabaría en Múnich, en la Escuela de Bellas Artes.

Antes de ser director de cine, Lang, después de un periplo por otros países, se fue a París y allí fue dibujante de cómics, diseñador de moda, caricaturista para la prensa, hasta pintor de acuarelas.

Para Lang, la llegada a París será fundamental, porque le hace entrar en contacto con el cine, asiste a muchas sesiones de cine, ve muchas películas francesas y, obsesionado con la pintura, decidirá transmitir a la misma el movimiento que tienen las imágenes del cine.

Pero la Primera Guerra Mundial le sorprende y tendrá que marcharse de París; ya en Viena entra en el ejército austriaco y se graduará como teniente. En el frente ruso será herido de gravedad; en la convalecencia en el hospital, Lang vuelve a su obsesión por la pintura, pero también por el cine. Se dedicó también a escribir cuentos cortos.

Si bien Lang se trasladó a Berlín donde empezará su carrera cinematográfica, será en 1922 cuando realice *El doctor Mabuse*, una película que ya toca el tema de la Alemania de posguerra, que confirmará luego con la excelente *M, el vampiro de Düsseldorf* y el regreso de Mabuse, *El testamento del doctor Mabuse*.

Llama la atención que *M, el vampiro de Düsseldorf* fuera permitida por la censura alemana mientras que en Hungría se prohibiese por su crueldad y en Checoslovaquia por la forma en que se evidenciaban los métodos policiales para descubrir asesinos, nada ortodoxos. *El testamento del doctor Mabuse* sí fue prohibida en Alemania.

Cuando empezó el ascenso del nazismo, Lang abandonó su residencia en Berlín para dirigirse a París. Allí se encontró con amigos como Peter Lorre (con el que había trabajado en las películas antes citadas), con Billy Wilder, Franz Waxman, los hermanos Robert y Curt Siodmak, entre otros.

Debido a que hombres como Murnau y Lubitsch se habían ido a Hollywood para triunfar en el cine americano, Lang decidió dar el salto y se fue a Estados Unidos. Desde 1934, Lang comienza su carrera en Hollywood, donde dará los mejores frutos de una carrera brillante como director: *Furia*, *Más allá de la duda*, *La mujer del cuadro*, *Perversidad*, *Deseos humanos*, *Los sobornados*, etc.

Los sobornados (EE. UU. 1953). Película de Fritz Lang con Dorothy Green y Glenn Ford basada en el *thriller* policiaco del novelista William McGivern. © TCD/Prod.DB Columbia/ Alamy Stock Photo/ Cordon Press.

Pero lo que nos interesa es hasta qué punto Lang vive la soledad como un tema clave en sus películas. Desde muy joven, al cineasta austriaco le interesó el tema de la desconexión del individuo con el medio que le rodea, por ello, *M, el vampiro de Düsseldorf* es una película espeluznante sobre un asesino de niñas, ya que el director vienés ya estaba perfilando a través de su cine sus obsesiones: las relaciones humanas, la inadaptación del individuo, la soledad del hombre en una sociedad que le obliga a la violencia (*Furia*), las relaciones marcadas por la infidelidad, en un ambiente de hampa y de novela negra (*Los sobornados* o *Deseos humanos*), sin olvidar películas donde el individuo es utilizado fríamente, por su ingenuidad y su infelicidad, como *Perversidad*, donde Joan Bennett fragua la manipulación de Edward G. Robinson con su amante Dan Dureya.

Lang es un autor que filma con la cámara como si diseccionase la mente del individuo, penetra en su interior para sacar la verdad y la mentira que hay en él, solo un maestro podría hacerlo.

LA MUJER DEL CUADRO Y *PERVERSIDAD*: LA TRAMPA DE LA SOLEDAD

Hay dos películas claves de Lang para entender la soledad en su cine. En ambas películas, vemos a un personaje (Edward G. Robinson) de vida gris, que está ávido de aventuras; en ambas, veremos cómo las cosas se complican para este hombre de apariencia modesta, de vida anodina.

La mujer del cuadro fue una película de 1944, producida por Nunnally Johnson, basada en la novela *Once Off Guard*, de J. H. Wallis.

La historia de un profesor universitario que, ausentes su mujer y su hijo, conoce a Alice (una inolvidable Joan Bennet), la cual seduce al profesor y lo lleva a su casa. Allí, llega su amante y el profesor (Richard Wanley) mata en defensa propia al tipo, tendrá que deshacerse del cuerpo, viviendo una pesadilla, pero, en realidad, todo ha sido un sueño.

La idea que tuvo Lang de tratar el subconsciente de este hombre, sus anhelos de una vida menos anodina, lo llevan a esa historia donde todo ha sido soñado.

La idea de la importancia del arte como sustituto de la vida aparece aquí como tema sustancial, ya que Wanley conoce a la mujer en una galería de arte donde admira su retrato, hay un onirismo latente en la historia, como nos recordó Noël Simsolo en su libro sobre Lang, cuando dice: «Lang transforma el melodrama policíaco en una representación de los mecanismos del inconsciente, no dejando nada al azar. El retrato muestra una mujer que el protagonista desearía encontrar, de la misma forma que el espectador de una película sueña con encontrar a la mujer cuya imagen le ha fascinado en la pantalla. Toda esta ficción implica una doble "aventura" en la que la idea del sexo se mezcla con la de la muerte en una culpabilidad común» (Noël Simsolo, *Fritz Lang*, Ediling, 1982).

Esa verdad anida en la historia, como bien dice el crítico de cine, ya que el deseo de vivir otra vida parte de su soledad, un hombre casado que no siente apego a una vida de rutina y que vive la fascinación de un encuentro con una bella mujer que se interesa por él. Tan alto merecimiento para un hombre anodino (otro hombre sin atributos como *M, el vampiro de Düsseldorf*, aunque aquí lo dota de más personalidad, sin cosificar al personaje, como sí lo estaba Lorre en *M, el vampiro de Düsseldorf*.).

Perversidad (EE. UU. 1953). Película de Fritz Lang
con Joan Bennett y Edward G. Robinson.
© Alamy Stock Photo/Cordon Press.

Todo es onírico en la película: la imagen de Alice reflejándose en el cristal junto al cuadro que contempla Wanley, la forma imprevista en que llega el amante, la solitaria y lluviosa carretera por la que se interna el protagonista para esconder el cadáver, la mirada del fiscal (un genial Raymond Massey).

La película está llena de un metodismo y una perfección absoluta, ya que no existe plano que no conlleve una imagen distorsionada de la realidad, son pequeñas brumas donde el protagonista sueña su historia, fruto de su notable mundo de soledad.

Que Lang eligiera a Joan Bennet fue un acierto, ya que la guapa actriz dota al personaje de una mirada perversa, es la tentación como Eva cuando le dice a Adán (salvando las notables diferencias con G. Robinson) que muerda la manzana.

Si *La mujer del cuadro* incide ya en lo onírico, en *Perversidad* (1945), Lang ya no hace concesiones, se adentra totalmente en el mundo del infierno, al hacer una historia donde una pareja (los mismos actores de *La mujer del cuadro*, aquí también amantes, Dureya y Bennet) se ríen y utilizan vilmente a otro hombre solitario, un personaje aún más dotado de simpleza, un verdadero hombre sin carácter, dominado terriblemente por su mujer.

Fue un producto de Diana Productions, que Lang creó con la guapa Joan Bennett; el guion de Dudley Nichols sobre una famosa pieza teatral de Georges de la Fouchardiere merece nuestra máxima admiración.

Christopher Cross (Robinson) conoce a Kitty (Bennett) y se enamora de ella. Para mantenerla cuando va a verla, es un hombre casado, comete un desfalco en el banco en el que trabaja como cajero, luego descubrirá que es objeto de chanza y de manipulación por parte de la joven y de su amante (Dureya). Mata a Kitty y logrará que culpen a su amante. Cross se marcha mientras vive la pobreza, sin saber que los cuadros que pintaba para matar su vida anodina empiezan a venderse a gran precio.

Esta historia, como *La mujer del cuadro*, tiene tintes oníricos, nos cuesta creer en la relación de Cross con esa mujer, por qué la mantiene, por qué llega tan lejos, por qué llegará a matar a Kitty. El título original de la obra en que se basa es *La golfa*, pero se decidió cambiar el título para evitar la censura de Hollywood.

Hubo una versión de Renoir de la obra de teatro con Michel Simon como protagonista (ambos, G. Robinson y Simon, tienen una extraña imagen de hombres toscos con aspecto de niños, como si se hubiesen perdido en la infancia; a mi modo de ver, habría que unir a estos dos grandes monstruos del cine el de Laughton).

Lo más interesante de la película es la atmósfera de pesadilla, la crueldad al que someten al pobre hombre, donde se trasluce la enorme soledad de un personaje que irradia, en cada plano, compasión, un hombre sin suerte, lapidado por aguantar a su mujer y engañado por la bella Kitty.

El triste personaje servirá a la mujer como criado, no solo la alimentará, sino que, en una memorable escena, le pinta las uñas de los pies (como hará Mason con Sue Lyon en la famosa *Lolita* de Kubrick). El grado de desprecio al que somete a Cross no tiene límites, entendemos entonces las respuestas violentas del hombre, ya que, en esta historia, el tema de la soledad tiene tintes más duros que en *La mujer del cuadro*.

ALGUNAS OPINIONES DE OTROS DIRECTORES SOBRE FRITZ LANG

Algunos directores de prestigio han dejado sus opiniones sobre Lang, debido a que, sin duda, ha logrado ser un maestro para ellos. Algunos de estos cineastas se encuadran en la famosa *Nouvelle Vague*, como Chabrol, Truffaut o Godard, grandes teóricos del cine, a la par que directores realmente notables.

Chabrol dice sobre Lang: «Lang era el director más misterioso que se pueda imaginar, en la manera de trabajar, en la fabricación del film. Pero estoy convencido de que nada para él era difícil. Las cosas venían y se hacían, simplemente. Es imposible que un tipo capaz de rodar *Más allá de la duda* en veinte días tenga que hacer demasiados esfuerzos. Es una película hecha son sencillez, no hay nada que no esté en su sitio. Para él era natural» (*Cahiers du Cinema*, núm. 437).

Merece la pena recoger también las opiniones de François Truffaut, porque incide en la idea de la obsesión, sus personajes viven obsesiones, son hombres anodinos que quieren cambiar su vida al precio que sea. Por ello, en sus películas aparece el cine negro, porque crea una atmósfera (calles solitarias, mujeres hermosas, hoteles) donde puede desarrollarse la trama:

«Fritz Lang se expresa con libertad mediante historias estrambóticas que trata de mejorar, no en el sentido de afinar las psicologías ni la verosimilitud, sino de deformarlas de acuerdo con sus propias obsesiones» (Truffaut, «Fritz Lang en América» en *Las películas de mi vida*, Mensajero, 1976).

Lo que está claro en estas opiniones, hay otras muchas, pero prefiero ceñirme a las aquí citadas, es que Lang trabaja sin descanso y lo hace movido por su obsesión de crear una película donde los personajes sufran algunas de las impresiones que laten en la vida del director: la soledad de una época, el mundo como un sueño, la fantasmagoría de una sociedad mezquina donde el ser humano muestra lo peor de sus instintos, dejando un resquicio para el compromiso con la ética, como en el personaje de Glenn Ford y en otros de su dilatada carrera.

La soledad planea sobre sus películas, porque esos personajes sufren esa sensación de incomunicación que les lleva al sueño, al crimen, al adulterio. Lang crea atmósferas y personajes inolvidables en su cine, como buen conocedor del alma humana.

Billy Wilder: la soledad del americano medio

Billy Wilder es, sin duda alguna, uno de los más grandes directores de la historia, su cine sigue impresionando porque aúna calidad y una hondura ante la vida, sus películas son espejos donde se va trazando la forma de mirar, con ironía y humor, de un hombre que vivió las dificultades de la Europa de los años veinte de nuestro pasado siglo, los años treinta y el auge del nazismo. No hay que olvidar que Billy Wilder nació en Viena en 1906, tuvo gran actividad como guionista en Berlín antes de hacer sus famosas películas en Hollywood.

El tema de la soledad está presente en su cine, porque muchos de sus personajes tienen que iniciar un periplo de vida solitaria antes de llegar al final feliz (me refiero, sin duda alguna, a dos películas emblemáticas de su filmografía: *El apartamento*, del que me ocuparé extensamente en este libro, e *Irma, la dulce*, a la que también voy a dedicar un pequeño estudio).

Lo cierto es que la soledad también anida en otras películas de Wilder, ¿no es acaso un hombre solo Charles Laughton en *Testigo de cargo*, que presta su agudeza de hombre avezado e inteligente para resolver el caso que le plantea el atractivo Tyrone Power? ¿Y qué podemos decir de Norma Desmond, la actriz en decadencia de *El crepúsculo de los dioses*, esa estupenda Gloria Swanson en un papel memorable?

Las películas de Billy Wilder no son inocentes, en todas ellas rezuma la ironía, incluso el mundo despiadado, como en *El gran carnaval*, donde Kirk Douglas hace un papel antológico, pero Jack

Lemmon es quizá el mejor representante del hombre solitario, el americano medio que tendrá que pasar la noche a la intemperie mientras uno de sus jefes se divierte con una amante en la magistral *El apartamento*, pero también será Nestor Patou, un gendarme que patrulla los barrios bajos de París donde las prostitutas y sus chulos tienen su feudo. La ternura de Lemmon, la sensación de no haber estado con otra mujer antes que con la bella Irma (la simpática y atractiva Shirley McLaine), se evidencia en la película cuando van a acostarse juntos y Lemmon quiere que se apague la luz, un detalle donde demuestra la timidez de un hombre ingenuo y solitario.

Muy pocos directores de cine han logrado describir la soledad con esa ternura, con ese halo de dulzura que imprime el genial director en sus películas.

Un breve repaso a su vida nos habla de un hombre nacido en Viena el 22 de julio de 1906. Lo más interesante fue su llegada a Berlín, donde trabajó en el *Börsen-Courier*, como redactor. Pero también verá mucho cine, películas que le impresionan como *El acorazado Potemkin* de Eisenstein o *Bajo los techos de París* de René Clair.

Por ello, decide convertirse en director, aunque tuvo que hacer guiones para películas antes, entre 1929 y 1933 apareció el nombre de Billy Wilder en los títulos de crédito de catorce películas. Pasó posteriormente un tiempo en París donde coincidió con Fritz Lang y Robert Siodmak, entre otros, y embarcó para los Estados Unidos el 22 de enero de 1934, con un visado de turista de tres meses. Cuando le caducó, tuvo que viajar a Mexicali, donde tuvo que esperar para que le concediesen un nuevo visado, se lo concedieron y empezó una larga historia, rodeada de buen cine, que sería muy extenso detallar, pero es importante destacar que en 1938 aparece por primera vez con Charles Brackett, como guionista, en los créditos de una película en la meca del cine. Fue en la película de Lubitsch, *La octava mujer de Barba azul*. Esta colaboración entre los dos guionistas solo se interrumpió en *Perdición* y duró hasta *El crepúsculo de los dioses*, en 1950 (fueron doce años de colaboración). Tras él, empezó su amistad con I.L. Diamond, el delicioso guionista, junto con Wilder, de *El apartamento*, entre otras obras maestras.

Por ello, para no extenderme en una filmografía que merecería varios libros, mi interés radica en hablar de una película esencial para entender el tema de la soledad en el cine de Wilder: *El apartamento*.

EL APARTAMENTO: LA SOLEDAD DE UNA SOCIEDAD SIN ESCRÚPULOS

La idea de filmar una película como *El apartamento* le vino a Billy Wilder después de ver la cinta de David Lean *Breve encuentro* (1945), con Trevor Howard y Celia Johnson, una historia donde un hombre y una mujer comienzan a charlar mientras esperan el tren. Son dos personas casadas, pero no logran esa felicidad completa; al hablar, se dan cuenta de la importancia de los afectos, de encontrar a la persona adecuada, de enamorarse de verdad.

Parece sorprendente que Billy Wilder tuviera como referente esta película para una obra maestra que en nada se parece a la historia que cuenta David Lean, pero, si lo observamos bien, en ambas historias se habla de personajes solitarios: en la de Lean, un hombre y una mujer que no han encontrado quien realmente les entienda; en la de Wilder, un hombre irrelevante, un tipo que vive solo en su apartamento, que está empeñado en ascender en la empresa donde trabaja y que presta su apartamento a sus jefes para conseguir mejores puestos.

La soledad es el tema esencial de esta obra maestra de Wilder, sin olvidar otros temas que la película hilvana con extrema pericia: el arribismo, la deshumanización de una sociedad capitalista donde todos son personajes sin personalidad propia, seres que han perdido los verdaderos detalles de un tiempo que no ha de volver (la escena en la que el genial Lemmon sube en el ascensor y es el único de todos los hombres que se quita el sombrero ante la ascensorista de la que está enamorado, la deliciosa Shirley McLaine), pero hay otro tema importante en la película, la mirada tierna de un director a unos seres que, sin ser importantes socialmente, representan lo mejor de la condición humana, C. C. Baxter es un hombre que sufre su soledad esperando a que uno de sus jefes termine la juerga con su amante, mientras duerme en un parque, cogiendo un terrible resfriado, es el hombre que espera a Fran Kubelik para ver una obra de teatro, sin que ella llegue, porque está con el jefe Sheldrake, el notable actor Fred McMurray.

La película es un reflejo de un mundo donde las apariencias y las verdades se confunden, Lemmon parece a los ojos de su vecino, el médico paciente que no se queja de las juergas de este, un verdadero espécimen por aguantar tantas fiestas y tener tantas amantes, cuando, en realidad, es un hombre solitario que es utilizado por todos. También la aparente felicidad de Fran Kubelik esconde la tristeza de una relación con el jefe Sheldrake que no conduce a una historia con futuro, la aparente felicidad de los matrimonios de los jefes esconde la mentira de la infidelidad.

Película llena de detalles que la convierten en una de las obras maestras de la historia del cine, película donde ya podemos ver la sociedad deshumanizada, la enorme oficina, el intento de Lemmon de ver una película (un guiño de Wilder al cine clásico, *Gran Hotel*), sin conseguirlo, por las interrupciones continuas de la publicidad, película que trata con ironía las relaciones humanas, la ascensión social (la forma magistral en que Lemmon tiene que concertar las citas de sus jefes para que no coincidan ninguno en el apartamento), película que trata de la soledad más amarga, las fiestas navideñas donde Lemmon conoce a una mujer, también solitaria, a la que lleva al apartamento.

Recordemos la escena del espejo de bolsillo roto de Shirley McLaine que sirve para que Lemmon descubra el día en que comienzan las fiestas navideñas, donde todo debe ser alegría, que ella es la mujer que estuvo con su jefe en su apartamento, herida que le duele especialmente, ya que es la mujer que ama y ha estado con otro hombre en su propia cama. No hay que olvidar que Lemmon cuida con una ternura maravillosa a Fran cuando intenta suicidarse en el apartamento.

Recordemos las palabras de Billy Wilder, el por qué volvió a una historia que le rondaba en la cabeza desde tiempo atrás, desde que vio *Breve encuentro*:

«Volví a ella porque acabábamos de terminar *Con faldas y a lo loco* y me encantaba Lemmon. Esa película fue la primera vez que trabajamos juntos y dije: "Este es el que necesito. Este es el que tiene que interpretar al protagonista". Un poco hombrecillo, como decíamos antes, una persona que despierta compasión» (Cameron Crowe, *Conversaciones con Billy Wilder*, Alianza Editorial, 2000, p. 150).

La idea de elegir a Lemmon fue fundamental, muy pocos actores en la historia del cine hubiesen dotado al personaje de ese aire de tristeza y de comedia a la vez que el genial actor americano (uno de los más grandes del cine moderno) regala a su personaje, es un hombre entrañable, que no podemos odiar, pese a alquilar su apartamento, porque en cada secuencia está el humor, el encantamiento de un hombre tierno en una sociedad feroz que ya no tiene lugar para una persona de sus características. También el médico, el doctor Dreyfuss, interpretado muy bien por Jack Kruschen, tiene vida, es un hombre que no ha perdido su humor, tiene una gran paciencia y no duda en ayudar a Lemmon cuando Fran intenta suicidarse y, sin duda, Fran, una mujer que cree en el amor, que vive el autoengaño por Sheldrake, un cínico de nuestro tiempo, un ejecutivo que manipula a los demás porque así entiende la vida.

La soledad está detrás de muchas escenas, la escena del parque, cuando Lemmon duerme allí, la escena del teatro cuando él espera pacientemente a una mujer que no va a acudir a su cita, cuando ve la televisión en su apartamento y al final, aburrido por la publicidad, la quita y se va a la cama. Toda la película es un reflejo de esa soledad que viven muchos seres en una ciudad de mucha gente, que buscan algo especial entre la rutina de sus vidas.

El apartamento es una de las mejores muestras del talento de Billy Wilder, porque la mirada del director está llena de ternura y de ironía a sus personajes. El final, cuando Fran cree que Lemmon se ha suicidado, después de la heroica acción de dar a su jefe la llave del aseo en vez de la de su apartamento, para recuperar la dignidad perdida, pero se trata solo del ruido del corcho de la botella de champán cuando abre la misma, nos reconcilia con un mundo en que debemos creer, donde la inocencia y la ternura nos salven del despiadado mundo de las oficinas y de la gran ciudad.

El apartamento (1960). Película de Billy Wilder
con Jack Lemmon y Shirley Maclaine.
© Allstar Picture Library / Alamy Stock Photo/Cordon Press.

La soledad de dos seres que intentan, en un final feliz, iniciar una historia de amor, jugando a las cartas, nos hace pensar que la vida siempre da otra oportunidad y que debemos aprovecharla.

Con un guion de Billy Wilder y su nuevo colaborador, I. L. Diamond, con decorados de Alexander Trauner, con la música maravillosa de Adolph Deutsch, la película se llevó cinco óscares de la Academia (sorprende que no se lo llevasen Lemmon y McLaine por sus excelentes interpretaciones), porque fue y sigue siendo una obra maestra.

WILDER Y EL CINE: UN REFLEJO DE LA SOLEDAD DE UN HOMBRE CORRIENTE

Sin duda alguna, las películas de Billy Wilder tratan sobre seres anónimos, tipos corrientes de nombres incompletos, pensemos en las siglas del protagonista de *El apartamento*, C. C. Baxter, o el nombre que tiene el gendarme de *Irma, la dulce*, Nestor. Pero también en la película como *El gran carnaval*, donde un reportero sin escrúpulos, un tipo solitario, utilizará la sociedad deshumanizada para su propio beneficio.

¿No es un solitario acaso Tyrone Power en *Testigo de cargo* o la Dietrich en la misma película? ¿Y Gloria Swanson no vive del pasado, mientras alimenta su leyenda entre las cuatro paredes de su gran mansión en *El crepúsculo de los dioses*? ¿Y los papeles que hizo con Lemmon no son seres solitarios en busca de alguien que complete sus vidas? ¿O la impresionante Sugar de *Con faldas y a lo loco* no es una mujer exuberante, pero sola, que tiene que llamar la atención de esa manera? ¿No son dos seres algo solitarios los personajes de *En bandeja de plata*, el ruin Matthau que quiere sacar una fortuna por el accidente que ha tenido Lemmon?

Estoy seguro de que Billy Wilder ha sabido mirar al hombre con esa ternura que un hombre con experiencia en la vida tiene; por ello, su cine siempre nos arranca la sensación de verlo por primera vez, porque sus pequeñas obras maestras están cinceladas con la mano de un artesano del celuloide.

Martin Scorsese: la mirada herida a la soledad de América

Martin Scorsese es, sin duda alguna, uno de los directores más prestigiosos del cine americano actual, pero no hay que olvidar que su carrera empezó en los años setenta y que sus grandes películas, las que se han convertido en obras maestras, pertenecen a esa década.

Me refiero, sin duda alguna, a títulos emblemáticos, como *Malas calles* (1973), *Taxi Driver* (1975) o *Toro salvaje* (1980), películas donde está presente la violencia, los problemas de identidad de unos personajes abocados a la tragedia, seres que solo conocen el dolor, porque la soledad les invade, son artífices de un mundo que no ha contado con ellos, hombres invisibles en la sociedad americana de los años setenta.

Nació el 17 de noviembre de 1942 en Flushing (Queens), fue el segundo hijo del matrimonio formado por Charles y Catherine. La familia había abandonado el famoso barrio de Little Italy, lleno de inmigrantes sicilianos, para vivir allí, pero poco después, en 1950, vuelven al famoso barrio.

Educado en un ambiente religioso, que excluía la cultura, Martin recibió una gran influencia de Frank Principe, un joven cura llegado al barrio en 1953, que le instruyó en música clásica y deporte, incluso acompañó al cine a Martin y a otros chicos.

Graduado en la Old St. Patrick School, Martin Scorsese se preparó para ingresar en un seminario, siguiendo los cursos que impartía la archidiócesis de Nueva York en el Cathedral College. No duró en el centro porque fue expulsado por su afición al rock y al sexo femenino.

Después de sus estudios secundarios, en un liceo católico del Bronx, el Cardinal Hays High School, ingresó en la New York University, con el pretexto de estudiar literatura inglesa, pero, muy pronto, se inclinó por los estudios cinematográficos del Film and TV Institute, vinculado a la propia Universidad de Nueva York.

Salir de Little Italy y estudiar cine fue fundamental para el futuro director, porque conoció allí a amigos como Brian de Palma, Mardik Martin, Jim McBride, Richard Coll, entre otros, y a su primera mujer, Larraine Martin Brennan, con la que se casó en 1964 y el 7 de diciembre de 1965 tuvo una hija, Catherine, apadrinada por su amigo Brian de Palma.

Tras graduarse en cine en 1964, se incorporó a la docencia, pero en 1966 abandonó ese camino para centrarse más en la idea de dirigir cine.

Conoce en 1974 a Paul Schrader, presentado por De Palma, y la relación con este último hará posible una película de gran calado emocional, una verdadera radiografía de la soledad americana, *Taxi Driver*, un filme antológico que nos ha dejado algunas de las escenas más famosas del cine de los setenta.

También De Niro, uno de los actores más emblemáticos de la historia del cine, conoció a Marty (como le han llamado siempre sus amigos) en Little Italy, en aquella época en que no eran importantes todavía. La relación ha sido enormemente fructífera, porque la carrera de ambos está eslabonada. Las mejores películas interpretadas por De Niro han sido con Scorsese, desde *Malas calles* a *Casino*, han rodado siete películas, algunas de ellas obras maestras (*Taxi Driver, New York, New York* o *Toro salvaje*).

Scorsese empezó rodando un corto en 1963 titulado *What a nice girl like you doing in a place like this?* (título en inglés que luego sirvió para una película española con Carmen Maura). Se trata de un corto rodado en la época de la universidad, una historia de humor rodada en 16 mm que solo conocen algunos cinéfilos.

En 1967 rueda *The Big Shave*, una película que pretende ser una denuncia a la guerra del Vietnam y que presenta a un joven que se está afeitando y que, al final, se corta y empieza a manar sangre a borbotones.

Luego llegan películas ya con más entidad: *Who's that knocking at my door?* (1969), con el que empezó a ser uno de sus actores emblemáticos antes de De Niro, Harvey Keitel; luego *Boxcar Bertha* (1972), interesante película que está ambientada en la época de la Gran Depresión americana y que cuenta la historia de Bertha, una mujer que aprende a sobrevivir a base de encontronazos con la realidad dura de la época. Con una muy inquietante y atractiva Barbara Hershey, la película es, sin duda, un logro en aquel momento para el joven Scorsese. Y, por último, *Malas calles* (1973), historia de un grupo de amigos que viven el ambiente del hampa y la delincuencia en Little Italy. En esta película ya cuenta con De Niro, su poderosa mirada, su magnetismo que le prepara ya como uno de los actores más sobresalientes de la década (solo comparable a Al Pacino, incluso superando en intensidad a este en algunos de sus papeles). En la historia, Scorsese esboza ya sus temas claves: la soledad, la violencia, el sexo de una sociedad sin esperanzas.

Por ello, he elegido a este director de gran talla para hablar del tema que centra mi libro, la soledad, a través de una película que me sigue fascinando, *Toro salvaje*.

LA SOLEDAD DE NUEVA YORK EN LOS AÑOS SETENTA

Muy pocas películas han tratado el tema de la soledad en el cine como esta obra maestra de Martin Scorsese, *Taxi Driver*, dirigida en 1975, con su actor fetiche, De Niro. En el siguiente apartado de este libro dedico un homenaje a este gran director a través de un recuerdo a su gran película *Toro salvaje*.

Todo surgió cuando Brian de Palma le ofreció a Martin Scorsese un guion de Paul Schrader, titulado *Taxi Driver*, la historia se centraba en la mirada de un taxista neoyorkino, solitario y cada vez más paranoico a la noche, plagada de prostitutas y drogadictos. Los derechos de la película los compraron Michael y Julia Philips, quienes habían conocido a Scorsese en una fiesta nocturna en Hollywood, en 1973.

La producción de la película fue laboriosa, con un presupuesto inicial de 1,3 millones de dólares, alcanzó finalmente casi los dos millones. La Warner no estuvo dispuesta a asumir el proyecto, tal y como lo planteó Scorsese; puso solamente 750.000 dólares para la película, por ello, se necesitaba otra productora.

Fue gracias a la intervención de Steven Spielberg, amigo de Scorsese, que Columbia Pictures se hiciese cargo del proyecto, aportando los dos millones de dólares que, finalmente, costó la película.

El guion de *Taxi Driver* le vino a Schrader de sus paranoias, su soledad, sus crisis existenciales, como él mismo confesó. Un referente fue el intento de asesinato que Arthur Bremer hizo contra el senador George Wallace y una canción de Harry Chapin titulada *Taxi Driver*.

Otro factor de esta película fue la elección de los actores, Scorsese quería a De Niro, pero este ya tenía un caché muy alto, ya que había rodado con Coppola *El padrino, segunda parte* y *Novecento* con Bertolucci, pero el actor estaba muy interesado en la historia y se rebajó el sueldo hasta los 35.000 dólares, adelgazó para hacer la película casi veinte kilos, como, más tarde, debido a su necesidad de ser un camaleón al interpretar, engordaría treinta kilos para hacer *Toro salvaje*.

Harvey Keitel, protagonista de *Malas calles*, aquí hacía un papel secundario, el del proxeneta; Peter Boyle, el taxista genial que, en una memorable escena, aconseja a Travis que limpie su cabeza de tanta mierda, porque se da cuenta de que está asqueado de todo; Jodie Foster, la prostituta casi niña, Iris, a la que conoce

Travis de una manera fortuita y a la que ayudará al quererla librar del chulo y de la profesión en la célebre escena de la matanza final, una de las más desgarradoras escenas de violencia que jamás se hayan filmado.

También Cybill Shepherd, una actriz algo fría, pero de gran belleza, tenía que estar presente, era la amiga de Bogdanovich y aquí protagonizó el papel de Betsy, la mujer de la que se enamora Travis, mujer inaccesible, porque no pertenece al mundo del taxista, solo hay que recordar la escena en que, en la primera cita de ambos, la lleva a un cine porno, porque Travis cree que allí van las parejas, como algo normal.

Betsy representa la América hermosa, ya que aparece siempre inmaculada, de blanco, ayuda en la campaña del senador Palantine, es una mujer que aparece siempre como un ángel, frente a Travis, en un taxi del que sale la bruma (en la noche) y hombre taciturno durante el día, mirando (como un *voyeur*) desde el taxi a la joven en el lugar donde ella trabaja.

La película se empezó en verano en Nueva York, mientras muchos curiosos se arremolinaban para ver a los actores en el rodaje. Se trata de una radiografía de la soledad, porque Travis es un hombre que no puede dormir por la noche, que ha estado en Vietnam, que escribe un diario, no tiene familia, vive en un modesto apartamento, conduce el taxi muchas horas al día y, de noche, transita las zonas más peligrosas de la ciudad.

La soledad está presente en cada mirada de Travis (De Niro le da al personaje una fuerza impresionante, tanto que no podemos apartar los ojos del actor cuando mira a los negros en el local, mientras hablan sus amigos taxistas; cuando ensaya enfrente del espejo con el arma, antes de intentar matar al senador; cuando habla con Betsy, vemos al hombre que vive en el interior; cuando dice lo que piensa al senador que, curiosamente, coge su taxi, vemos a un hombre sincero, insólito, porque no entiende de diplomacia, un hombre que observa, como un felino en la oscuridad de la noche).

Como dice muy acertadamente José Enrique Monterde en su estudio sobre Scorsese en la colección «Cátedra. Signo e Imagen», Travis es un hombre inadaptado, que ve el mundo desde su prisma de desprecio a todo lo que le rodea:

«En clave sociológica podríamos tal vez entender que esa condición solitaria de Travis es el resultado de la inadaptación inherente a su retorno de la guerra, tanto como consecuencia de los horrores vividos como por la incomprensión de una sociedad que no ha asimilado el alcance del sacrificio de los soldados de ultramar, tal como ocurre en diversas películas que han tratado el tema del retorno del soldado» (pp. 174-175).

Cierto, porque la guerra del Vietnam dejó herida a una sociedad y América no aceptó a los que no consideró ganadores, porque su esfuerzo no fue suficiente para que los que no lucharon pudiesen aceptarlos como merecían.

Para un hombre solitario como Travis, incapaz de relacionarse con los demás, recordemos lo poco que conversa con sus amigos taxistas, lo visual tiene un poder muy importante que Scorsese logra imponer en la película. Me refiero al cine (el cine porno donde Travis va porque no puede dormir), la televisión que ve en su apartamento, donde vive solo, el espejo retrovisor del taxi, donde contempla a sus clientes, como en la famosa escena en que un perturbado (el mismo Scorsese) le dice que espere, que va a matar a su mujer, la cual está con un negro.

Continuamente, la película tiene esa presencia de sueño, de mundo infernal, la aparición de la bruma que sale del taxi, la música de Bernard Herrmann, la visión de las calles atestadas de prostitutas y de yonquis.

La noche refuerza la soledad de Travis, mientras el día intenta ser un acercamiento fallido a los demás, que acaba en estallidos de violencia, como en la escena en que Travis entra, en estado de furia por el rechazo de Betsy, en la oficina donde se lleva a cabo el apoyo al senador para la presidencia.

Carlos Losilla logró diseccionar muy bien algunas claves de la película, como la importancia de la mirada, así nos dice: «*Taxi Driver*, entre otras muchas cosas, es una película sobre la mirada desquiciada: al identificarnos con el punto de vista de Travis, al incluirnos en su paranoico juego especular, nos dice que todos somos neuróticos, que todos deformamos el mundo mediante nuestra mirada y que, por lo tanto, todos somos asesinos en potencia» (Carlos Losilla, «*Taxi Driver/Johnny Guitar*», *Libros Dirigido/ Programa Doble*, núm. 40, Barcelona, 1999).

Travis es como Caronte, el barquero que lleva a los muertos al infierno, porque la ciudad que plasma Scorsese en la película carece de vida, muchos de ellos, yonquis, son como muertos vivientes.

Como todo solitario, Travis va dibujando un plan que entretenga su soledad; por ello, decide atentar contra el senador, odia la ciudad, la gente que vive allí, nadie le quiere, ni una mujer pura (Betsy, metáfora de una virgen, vestida de blanco) ni una puta (la joven Iris que desconfía de él porque no sabe lo que pretende de ella).

Scorsese confesó que hay mucha deuda en la película del cine de Robert Bresson por ese gusto por el detalle (hay tantos en la película que sería exhaustivo enumerarlos, pero la imagen de la pastilla en el vaso de agua es sublime, representa el mundo del taxista que se ahoga paulatinamente en la nada), por la estilización y la depuración de la forma fílmica que Bresson hizo de su cine y que se halla en la película de Scorsese, como, por ejemplo, en la entrada en escena del taxi en la ciudad infernal, con esos tonos rojos, como la mirada de De Niro (magistral en una interpretación antológica) al loco que lleva detrás, el mismo Scorsese, en la escena que he comentado antes.

En definitiva, la soledad nunca se vio mejor reflejada en la pantalla que en esta prodigiosa película que ya es una de las favoritas de muchos cinéfilos, porque en ella vemos la fuerza de un hombre que mira al personaje como si lo desnudase y su calvario, su inmensa soledad, es el nuestro. Su final feliz (cuando a Travis se le reconoce su acción contra el hampa) nos puede gustar o no, pero nos deja meditabundos en un espectáculo singular, la de este Nueva York de los setenta que tan bien filma Scorsese.

Malas calles (1973) es la historia de un grupo de amigos que viven el ambiente del hampa y la delincuencia en Little Italy, en Nueva York. En esta película ya cuenta con De Niro, su poderosa mirada, su magnetismo que le prepara ya como uno de los actores más sobresalientes de la década (solo comparable a Al Pacino, incluso superando en intensidad a este en algunos de sus papeles, como he comentado anteriormente). En la historia, Scorsese esboza ya sus temas claves: la soledad, la violencia, el sexo de una sociedad sin esperanzas.

En esta película, Scorsese ya nos presenta el mundo de la religión, las imágenes de Harvey Keitel en la iglesia, el mundo de los bares, De Niro y Keitel metidos en líos, en aquella sociedad violenta de los setenta, donde podemos respirar ya la paranoia que irá creciendo en personajes desquiciados, como mostrará unos años después en *Taxi Driver* (1976), donde la América de los setenta se muestra como un espacio de soledad y violencia, verdadero recinto de yonquis y prostitutas ante la mirada alucinada de un taxista que se convierte en el Caronte, el barquero en el infierno neoyorkino.

Malas calles ya es un ejemplo del estilo paranoico de Scorsese, con encuadres complicados, los ángulos arbitrarios donde vemos a los mafiosos en el restaurante o el contrapicado de Charlie y Teresa cuando él le habla de su futura separación. La cámara adopta una posición histriónica donde no podemos dejar de mirar esa esquizofrenia creciente que la película nos deja en la retina.

Charlie es Keitel; Johnny Boy es De Niro. Si Charlie es el ser desdoblado, un hombre desgajado de toda felicidad, hastiado de culpa, por ello sus continuas expiaciones religiosas, Johnny Boy es el muchacho descerebrado, incapaz de reflexión, envuelto en la eterna violencia de su comportamiento infantil.

Y, como colofón, la violencia, latente, presente en las conversaciones rápidas, sin límite entre los personajes (como ocurrirá luego en *Toro salvaje* entre La Motta y su hermano), pero también la idea del sexo como pecado, como culpa que persigue a los personajes; ya queda lejos la ingenuidad del cine anterior, todo tamizado ahora por la violencia de una vida sin oxígeno, sin respiración posible, siempre al borde del precipicio.

La película habla claramente de los negocios de un grupo de mafiosos callejeros, que no dudan en extorsionar para conseguir sus objetivos, un ambiente que conoció Scorsese y De Niro cuando eran jóvenes en Little Italy, donde se desarrolla la cinta.

Los personajes y el ambiente son fundamentales en esta película. La cinta empieza con la imagen de un Keitel rezando, expurgando sus culpas, como luego hará Michael Corleone en la grandiosa *El padrino* de Coppola.

Es esencial en la línea del relato Tony, el propietario del Volpe's, un local ubicado en Mulberry Street, la arteria principal de Little Italy. El personaje está inspirado en el hijo de un gánster que llegó a tener su propio local, ya que su padre poseía el resto de los locales de la zona.

El personaje de Michael es menos complaciente, se trata de un hombre que quiere ser gánster, pero que no da la talla, lo que sirve para que Johnny Boy haga siempre chanzas de su persona. Se trata de un tipo que quiere entrar en la dinámica de los gánsteres y sus turbios negocios, pero no está a la altura de las circunstancias.

Los verdaderos protagonistas, Charlie y Johnny Boy, esconden las dos caras de una misma moneda, seres erráticos que pretenden enlazar su ignorancia hacia una vida normal con sus deseos de destacar en el ambiente del hampa callejera de Little Italy.

Ya presagia el personaje de De Niro al que luego interpretará en la magistral *Taxi Driver*, un hombre que se mira al espejo, en su paranoia, libre, sin trabas, un ser que no tiene límites, solo Keitel frena los impulsos del joven Johnny Boy.

Y queda, sin duda alguna, el tema de la violencia, donde Charlie, en la línea de Jake La Motta, el boxeador de *Toro salvaje*, que luego interpretó De Niro, vive la violencia con un afán de purgar sus culpas, interiorizando el dolor, como si se flagelase a través de la misma.

Concluyo diciendo que el cine de los setenta reflejará la violencia de esta película en otras cintas como *El padrino* (1972) de Coppola o *Deliverance* (1972) de Boorman, entre otras, sin olvidar la cinta de Kubrick tan afamada como aún delirante, *La naranja mecánica* (1972), donde la sociedad disfruta con el dolor, somos culpables por nuestra necesidad de asumir la tragedia de los otros, en un mundo apenas reconocible para generaciones anteriores, marcado en Estados Unidos por la guerra de Vietnam y en el mundo por ese mundo donde la televisión ya muestra sin tapujos la parte más sórdida del ser humano. *Malas calles* ya presagia la violencia que irá expresando esa década de grandes películas, cintas que nos invitan a la reflexión sobre la bondad y la maldad del ser humano.

Los negocios de este grupo de mafiosos callejeros nos dejan absortos, porque la película inunda de nerviosismo y violencia la pantalla, en un dinamismo que no tiene límites y que presagia el cine de Scorsese que triunfará en los setenta, con éxitos como *Taxi Driver* o *New York, New York*. Una película de indudable peso que introduce ya los temas clave de la obra de Scorsese, entre ellos, la violencia y sus meandros más sórdidos.

TORO SALVAJE: UNA RADIOGRAFÍA DE LA SOLEDAD

Jake La Motta fue un boxeador de los años cuarenta que vivió un viacrucis personal cuando perdió todo lo que tenía tras haber sido uno de los boxeadores más aclamados, tanto es así que luchó con Ray Sugar Robinson. Robert de Niro leyó la biografía de La Motta, se sintió atraído por la historia y se la hizo llegar a Martin Scorsese para que valorase la posibilidad de hacer una película con esa historia.

Fue De Niro, mientras rodaban *Taxi Driver*, quien le facilitó el libro sobre La Motta. El libro no lo escribió el boxeador, sino Peter Savage y Joseph Carter, a partir de los recuerdos narrados por el boxeador. Savage aparecía en el libro, con un guiño realmente interesante, ya que conoció al boxeador y, para dar ficción a su amistad, transformó su relación con él en el personaje de Joey, el hermano, muy bien interpretado por un actor que descubrió Scorsese, Joe Pesci. Lo curioso fue que Peter Savage tenía un pequeño papel en otra película de Scorsese, *Taxi Driver*.

Mardik Martin, muy amigo de Scorsese, trabajó en el guion durante dos años, para mejorar el libro y que pudiese ser llevado a la pantalla. Pero el intento de Mardik no funcionó y Martin no se sintió satisfecho de la labor de su amigo. De nuevo, Paul Schrader, un hombre que arrastraba obsesiones, pero también una excelente forma de escribir, dio al guion forma y energía, en la línea de la magistral *Taxi Driver*.

Schrader suprimió toda la parte del libro dedicado a la infancia del boxeador en Little Italy, donde vivió Scorsese. También el paso por el correccional de La Motta y la violación de una amiga de Peter Savage por Jake. Scorsese suavizó así la película, porque, en realidad, la vida del boxeador nos hablaba de un hombre más atormentado y solo, un hombre más herido por la vida que lo que se muestra en la película.

Pero fue el mismo Scorsese y De Niro, amigos íntimos, quienes se reunieron en la isla de St. Martin, donde en diez días reescribieron las cien páginas del guion definitivo. Como productores se embarcaron en el proyecto los artífices de *New York, New York*, Robert Chartoff e Irwin Winkler.

El rodaje de la película comenzó en abril de 1979 y se prolongó hasta diciembre del mismo año, con una interrupción de cuatro meses en la que De Niro tuvo que engordar, llegó a pesar treinta kilos más para poder interpretar a La Motta en su decadencia.

La película se llevó dos premios Oscar, a De Niro como mejor actor y a Thelma Schoonmaker por el montaje. No ganó el premio Oscar a la mejor película ni al mejor director, porque se lo llevó una película mucho menos recordada y de calidad menor, *Gente corriente*, de Robert Redford, quien sí se hizo con el de mejor dirección.

Prescindiendo de la alusión a los premios, la película es una radiografía de la soledad de un hombre que vive la angustia de tener las manos pequeñas para boxear, como le dice a su hermano Joey en una excelente secuencia de la película, cuando le pide que le pegue en la cara; un hombre que vive obsesionado por los celos, creyendo que hasta su hermano se acuesta con su mujer; un hombre que se siente susceptible a cualquier comentario, como el que hace su mujer (la joven Cathy Moriarty y la que hace de cuñada, Theresa Saldana) sobre la belleza de Gianiro, otro boxeador, al decir que es bien parecido, por ello, La Motta le pega una paliza en el *ring* que casi le desfigura.

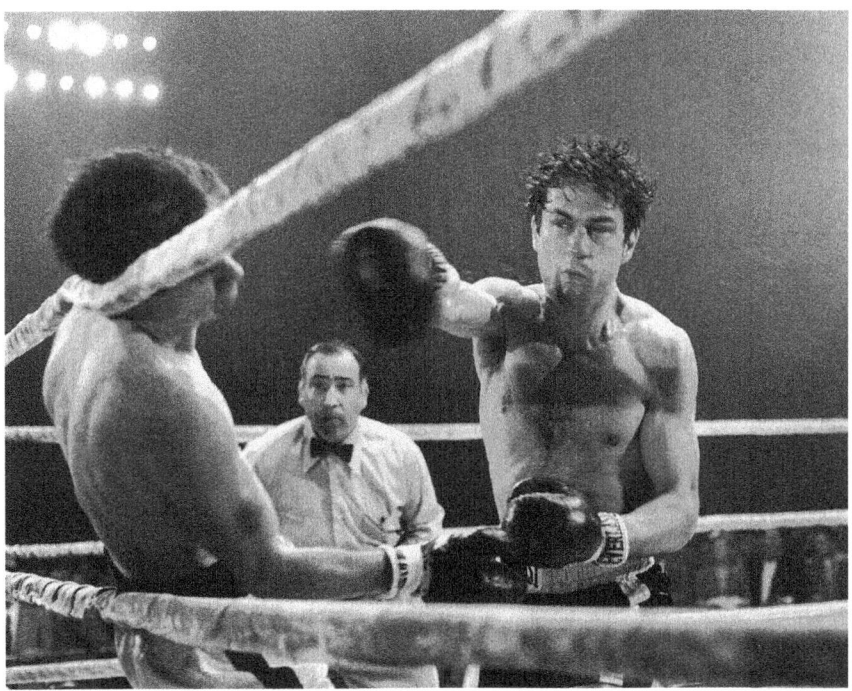

Toro salvaje (1980). Película de Martin Scorsese con Robert de Niro.
© United Artists/Entertainment Pictures/Alamy Stock Photo/Cordon Press.

Como vemos, estamos delante de un hombre brutal, que hace de la violencia su forma de comunicación ante los demás. La elección del blanco y negro para casi toda la película respondió a una elección que tiene que ver con su pasión por el cine clásico, pero también con el afán de que veamos la ascensión y caída del boxeador en las luces y sombras del blanco y negro, frente a las secuencias en color, que son las fotos de boda, donde se puede ver un período de alegría en el matrimonio de Vicky y Jake.

La mujer rubia vuelve a aparecer como un ideal para el hombre obsesivo y solitario, que es el principal personaje de las películas de Scorsese. Si en *Taxi Driver* era Betsy, en *Toro salvaje* será Vicky, ambas se parecen. Si bien Jake logra casarse con Vicky, la relación no funciona porque son dos seres muy diferentes: ella, una mujer sencilla y sin especial cultura, frente al aparente refinamiento de Betsy, pero mucho más refinada que Jake.

La soledad es un tema clave, pero, frente a *Taxi Driver*, aquí el boxeador no está solo. Empieza la película con su hermano Joey, su confidente (como en *Malas calles* De Niro y Keitel aparecían juntos en toda la película como amigos); sin embargo, Travis siempre aparece desvalido y sin compañía en la ciudad neoyorkina. Pero la violencia desmedida de Jake le irá dejando solo, porque sus celos y sus obsesiones le harán perder a su familia y se nos presenta en la segunda parte de la película como un hombre que regenta un club nocturno, obeso y sonado, que incluso es detenido por hacer trabajar en el club a menores de edad. Es impresionante ver la escena en la cárcel cuando Jake golpea la pared de piedra, mientras grita que no es un animal, que es un hombre, demostrando que De Niro es un actor magistral y no había posible rival para llevarse el premio Oscar de 1980.

Para Scorsese, la película, aunque trate el mundo del boxeo, no es, esencialmente, una película acerca del mundo del boxeo, porque el director pretende ir más allá, lo que verdaderamente le interesa (él confesó que no le gustaba el boxeo ni el mundo que le rodeaba) es contar la historia de un hombre que ha derribado, por su incapacidad para convivir con los demás, las fronteras de la cordura y ha entrado, en la línea de Travis Bickle en *Taxi Driver*, en un proceso de paranoia, con sus celos enfermizos y violencia que acaba con su mundo familiar.

Lo que pretende el director es demostrar, a través de la dureza de las escenas de boxeo, la fisicidad de ese mundo, donde el combate cuerpo a cuerpo cobra dimensiones míticas. Pero, en el fondo de la historia, están los años en que Scorsese convivió con el mundo religioso, sin duda, La Motta se somete a la tortura de los golpes de Ray Sugar Robinson (en unos planos demoledores de la cara de De Niro cada vez más sangrante, donde estalla la sangre que llega al público) como Jesucristo ante la crucifixión.

No se puede entender de otra forma esa violencia, porque el final justifica este argumento, cuando, como redención, Scorsese nos habla de la Epístola a los Corintios para hablarnos de la redención de La Motta, después de su calvario, la pérdida de la familia, su paso por la cárcel, los treinta kilos de más, su ruina económica y su fracaso en el *ring*.

El fracaso, unido a la soledad, es un tema tangencial que aparece en todo momento, porque nosotros sabemos que La Motta, pese a la confidencialidad con su hermano, pese al matrimonio con la chica, está siempre solo, en su mundo de sombras, consciente de tener las manos demasiado pequeñas para ser un boxeador de primera, como si conociese ya que su *fatum* terrible, su calvario, está ya presente en los inicios de su carrera como boxeador. Scorsese nos da a entender en la mirada de De Niro que nunca será el mejor, porque algo se lo impide, un defecto congénito, esas manos que no pueden tener la misma fuerza que las de hombres como Rocky Graziano o Ray Sugar Robinson.

Para José Enrique Monterde, en su estudio sobre Scorsese, publicado en la colección «Cátedra. Signo e Imagen», la idea del tiempo en la película es fundamental, porque, precisamente, es en el cuerpo de De Niro donde vamos viendo un hombre de apariencia normal, para verlo transformado en un ser casi deforme. El tiempo ha hecho mella en su cuerpo. Cito al crítico en su interesante opinión sobre este particular: «Si los puños, las piernas, el torso, el rostro son la vía del triunfo y la derrota en el cuadrilátero, también será en el cuerpo de Jake donde hallaremos las huellas del paso del tiempo, de la decadencia y en el límite de la muerte» (p. 270).

Dice también que el esfuerzo de De Niro por engordar treinta kilos no puede atribuirse a un narcisismo del actor, sino a la necesidad, en una película de tanta fisicidad, de expresar el paso del tiempo, de convertir a su personaje en el deshecho en que se ha convertido (todos conocemos la meticulosidad de De Niro al afrontar sus personajes, en la línea de los actores del Actor's Studio donde el actor debe convertirse en el personaje; sin duda, nos recuerda a Brando o Newman, actores magistrales y muy sólidos en cualquier papel que hayan interpretado, sin olvidar que Newman fue Rocky Graziano en *Marcado por el odio* de Robert Rossen).

José Enrique Monterde habla también de la diferencia esencial entre dos personajes claves de Scorsese: el Travis de *Taxi Driver* y el Jake de *Toro salvaje*. Se centra en la idea que secundo acerca de dos formas de exteriorizar la violencia (una hacia fuera, la de Travis; otra hacia sí mismo, la de La Motta). Si Travis se prepara para atentar contra el senador Palantine, cultiva su cuerpo para matar a otro, se crea un objetivo, tras sentirse asqueado y solo en el mundo que lo rodea, La Motta se ofrece como víctima, aunque pegue a su mujer por los celos infundados que siente o incluso intente pegar a su hermano, es el mismo cuerpo de La Motta el que recibe la mayor parte de los golpes, hombre torturado, que debe vivir, como los místicos, su proceso de flagelación y de dolor.

El mismo La Motta hablará de ese deseo de flagelación, cuando, en la biografía que escribió Peter Savage, dice que aquel le contó que su lucha era contra todos, no le importaba que fuese con un peso pesado como Joe Louis, no apto para él, que era peso medio, porque su deseo era recibir todos los golpes que pudieran darle, como castigo a su incapacidad de comunicación. La Motta no sabe comunicarse si no es a través de la violencia, por eso observa mucho y habla poco, fragua en su mente obsesiva una historia de celos que hace fracasar su matrimonio, no hace caso nunca a su hermano Joey, en su deseo de manifestarse maltrata a los que le rodean, para quedarse, al final, solo.

Carlos Losilla, en el estudio antes citado sobre *Taxi Driver*, aparecido en *Libros Dirigido / Programa Doble*, núm. 26, 1997, dice: «Solo en *Toro salvaje* el cine de Scorsese —y Schrader también en este caso— alcanza la paz espiritual, y lo hace mediante un itinerario en cierto modo inverso al de *Taxi Driver*: el film no termina con una explosión de violencia, sino con el protagonista en una celda completamente solo, súbitamente enfrentado a la verdad de su existencia» (p. 57).

La clave de la película es, sin duda, el encuentro del hombre consigo mismo, por ello, se mira al espejo, mientras interpreta las palabras de Brando y Rod Steiger en *La ley del silencio*, porque ya ha encontrado un rostro, después del calvario que ha vivido durante sus años de boxeador, al regentar el club, pese a que ello le lleva a una denuncia por contratar a una menor de edad y acaba en la cárcel. Sabe que ahora es un hombre de verdad, porque, pese a lo triste de aquel club y el abucheo de la gente, ahora ya no tiene que pegar o ser pegado, ahora es el hombre que se interpreta a sí mismo, para vivir una vida sin violencia, donde, por fin, encuentre la paz espiritual que tanto necesitaba.

Toro salvaje fue un rotundo éxito de público y está considerada por los críticos una de las mejores películas de la historia, porque, más allá del boxeo, está la historia de un hombre que no ha sabido comunicarse, un solitario que, debido a su ignorancia y a su primitivismo, ha sufrido la peor de las derrotas, la soledad. Pocas películas de Scorsese nos dejan tan heridos como esta cinta de enorme impacto emocional para cualquiera de los espectadores del buen cine, con ese aire clásico que nos transmite la historia, ese clasicismo que Scorsese heredó en muchas sesiones de cine en su juventud y que lo convierte en un director fundamental en el cine moderno.

David Lean: un recorrido por sus obras maestras

LA SOLEDAD DE AQUELLOS HOMBRES ÉPICOS: *EL PUENTE SOBRE EL RÍO KWAI*

Hay pocas películas que hayan tratado el esfuerzo y el orgullo ante las situaciones difíciles como la cinta que comento, me refiero a *El puente sobre el río Kwai* (1957), una de las mejores películas de David Lean, si exceptuamos las que todos hemos visto y admirado tantas veces, me refiero a *Breve encuentro* (1945), hermosa cinta donde el amor entre dos desconocidos está genialmente contado, y *Lawrence de Arabia* (1962), una de las obras maestras del cine, donde el desierto nos hechiza para siempre, con sus portentosas imágenes que nunca podremos olvidar. Pero *El puente sobre el río Kwai* no es una película de guerra más, sino una demostración del valor y el coraje de un grupo de hombres apresados en un campo de concentración japonés, donde nos enseñan el valor y la entrega a una misión, la de construir un puente, arquitectura que sirve de pretexto para hablar de los grandes valores del ser humano.

El productor Sam Spiegel conoció a David Lean gracias a Katharine Hepburn, quien los presentó (no hay que olvidar que Lean venía de rodar *Locuras de verano*, con la Hepburn, consiguiendo el premio al mejor director concedido por la Asociación de Críticos de Nueva York). El encuentro entre productor y director fue fructífero, porque Spiegel había comprado los derechos de la novela de Pierre Boule *El puente sobre el río Kwai* (1954), y ya contaba con un guion elaborado por Carl Foreman, rechazado por John Ford, Hawks y William Wyler. Lean acepta dirigir la película, pero con la condición de reescribir por entero el guion de Foreman, el cual era, en palabras del director, desastroso.

La elección de los actores fue complicada. Para el papel del coronel Nicholson se especuló con nombres tan importantes como Lawrence Olivier, Cary Grant o Charles Laughton, pero al final fue Alec Guinness quien protagonizó al personaje clave de la cinta, el coronel Nicholson. El actor británico chocó con Lean, porque quería influir mucho sobre el director con continuas observaciones sobre su papel, lo que no gustaba al famoso director. También fue motivo de controversia la presencia de un actor guapo y extrovertido, William Holden, con quien Lean se llevaba mejor, lo que enfadaba a Guinness en muchas ocasiones. El actor japonés Sessue Hayakawa, que interpretó a Saito, el jefe del campo y opositor de Nicholson en todo momento, se quejó del poco diálogo que Lean le dio en la segunda parte de la película.

La cinta se rodó en Ceilán, en ocho meses de rodaje, con tres millones de dólares como presupuesto, y seis cámaras por control remoto para filmar la explosión final. La película se llevó treinta millones de recaudación, siete óscares y muchas anécdotas para la historia del cine.

Hay en la película un contraste continuo de sonidos: el ruido de la selva, grabado con fuerte reverberación, contrasta con el silbido de los prisioneros que tararean la *Marcha del coronel Bogey* (composición de Kenneth J. Alford, cuya utilización no estaba prevista en principio), al entrar en el campo japonés, entre un sol tórrido y un ámbito lleno de tierra polvorienta; introduce el mundo occidental en un mundo salvaje, el cual representa el enemigo japonés. El duelo entre dos coroneles, Saito, el japonés, que quiere que los prisioneros trabajen a destajo para construir el puente, por un lado, y el coronel Nicholson, que quiere dotar de dignidad a la labor de sus hombres, los cuales no son esclavos de un enemigo accidental, por causas de la guerra, sino que tienen su personalidad propia, su fuerza y su coraje interior, para sobreponerse a las dificultades. El conflicto se mantiene entre dos códigos, el oriental (el Bushido) y el occidental (la Convención de Ginebra), como dos formas antagónicas de entender el mundo. El coronel Nicholson alude a la famosa convención para rechazar que los oficiales trabajen, contra la pretensión de Saito que quiere que sí lo hagan.

Es cierto que la película no puede evitar cierta demagogia, ya que los valores de los ingleses siempre están por encima de los japoneses, lo que lastra la posible imparcialidad del punto de vista del director al enfocar el desarrollo de la historia. Como ejemplos, podemos ver que los conocimientos del ingeniero británico a la hora de construir el puente son superiores a los del japonés, el cual es despedido muy pronto, también podemos ver que solo el puente logra levantarse, desde el momento en que el batallón de Nicholson se pone manos a la obra, mientras que con los japoneses solo el puente no había evolucionado apenas.

Para Lean, era el primer encuentro con el cine americano; el resto de su cine, hasta ese momento, se había filmado en Gran Bretaña, y esa primera experiencia denota algunos fallos, como esa demagogia ya citada, pero también la reiteración de algunos planos, casi siempre planos generales y medios. La elipsis aparece en la cinta, porque no vemos apenas batallas, sino el ruido de las ametralladoras, mientras la imagen se llena de espantados murciélagos. También es importante el color. Si en *El puente sobre el río Kwai* abunda el azul, en otra de sus grandes películas, *Doctor Zhivago* (1965), la presencia del blanco de la nieve es esencial, lo que confirma el deseo de Lean de buscar el simbolismo de los colores para el desarrollo de sus películas, siempre atentas a una traducción literaria, con el germen en las imágenes como base esencial.

Nos quedan de la película conceptos importantes: el honor y el orgullo de los ingleses, el código del honor japonés, estricto y muy alejado del occidental, pero en los que podemos identificar algunos paralelismos, la obstinación de ambos para llevar a cabo sus objetivos, también algunas imágenes portentosas, que pulirá en la muy superior *Lawrence de Arabia*, donde el sol «quema» a los soldados, al coronel Nicholson, cuyo sudor podemos sentir, en un denso contrapicado que muestra a Guinness (en una gran interpretación, a la altura de sus mejores papeles), bajo el sol, en el ambiente hostil de la jungla. También Holden, con su cinismo y su humor característico en tantas películas, salva su rol, ya que, fuera del campo, su misión es la de ayudar a los ingleses para la liberación última, muestra el actor su galanura, que el tiempo horadó irremisiblemente. Es justo mencionar la gran interpretación del actor japonés Sessue Hayakawa, en un papel que está siempre sometido al código al que pertenece, con el rigor de una cultura extrema en educación y en valores admirables como el honor y la disciplina, pese a que Lean siempre lo sitúa en un lugar secundario, como la ausencia de diálogo brillante en la segunda parte de la película.

Sin duda alguna, la novela escrita por un francés, en el que un director inglés intervino como gran hacedor para que pase a la historia del cine, pero con el sello del cine americano de por medio, la producción de Sam Spiegel, que pesó mucho y le dio a la cinta una imagen de película estadounidense, donde los buenos siempre son los ingleses, con la aportación indudable de un actor esencialmente americano, Holden, hizo que la cinta se decantase por una visión partidista y no muy positiva para los japoneses, lo que nos recuerda a tantas cintas del oeste de notable éxito.

Pero nos quedan secuencias inolvidables: la voladura del puente, la música, la mirada de Guinness, la de Hayakawa, en un mundo hostil, siempre nos dejarán huella, y, sin duda alguna, el puente, el esfuerzo que supone este ejemplo de gran arquitectura es otro protagonista, refleja el honor de los ingleses, su compromiso con su nación, en una película que, aún sin la maestría de otras películas de Lean posteriores, sí nos deja un sabor de buen cine, del mejor cine clásico que tanto nos ha regalado el séptimo arte.

LAWRENCE DE ARABIA:
EL MUNDO ÉPICO DE DAVID LEAN

En el cine de David Lean, si hay una película donde el deseo de liberar a un pueblo se convierte en epopeya, esa es, sin duda alguna, la cinta fascinante *Lawrence de Arabia* (1962), rodada en Superpanavisión 70 mm durante dos años en Jordania, Marruecos y España. El director rodó material para una película de nueve horas (con escenas maravillosas del desierto jordano, con la música extraordinaria de Maurice Jarre, con la impresionante luz que Frederick Young fotografió, dando a la cinta una fuerza única que queda adherida a la piel y a la mirada de Lawrence, interpretado por un magistral Peter O'Toole).

La base literaria fue la obra del arqueólogo y militar inglés Thomas Edward Lawrence, *Los siete pilares de la sabiduría* (editada en 1926, pero que su autor comenzó a escribir en 1919). La historia cuenta el deseo del militar inglés de liberar al pueblo árabe del yugo de los turcos. Fueron muchos nombres los que aparecieron en la novela, pero Lean decidió para la película sintetizarlos en dos para los militares ingleses: el general Allenby (Jack Hawkins) y el coronel Brighton, (Anthony Quayle, un gran actor inglés), dotando a algunos de ellos de mayor protagonismo, como el que tiene en la película Sherif Ali Ibn el Karish, interpretado por Omar Sharif, en la vida real su papel en la historia fue muy secundario, pero aquí es un amigo de Lawrence, un hombre que representa el mundo del desierto, bello y hermoso, hombre sereno, que se contrapone al carácter nervioso de Lawrence, a su afán desmedido de gloria, a su impulso narcisista de llevar la lucha hasta sus últimas consecuencias. No hay que olvidar el papel importante de Anthony Quinn, actor de raza como pocos, aquí retratando a Sheik Auda, jefe de una tribu de bandidos, que ayuda a Lawrence en sus propósitos, sin dejar de mencionar la gran interpretación de un actor de gran peso en el cine británico, habitual en el cine de Lean, Alec Guinnes, como el rey Feisal.

El desierto cobra vida con la música que acompaña a la película, con los ojos de O'Toole mirando la inmensidad, mientras siente, cada vez más paranoico, que la libertad de un pueblo bien merece su vida, la cual no es pasto del desierto, sino de un torpe accidente de tráfico posteriormente, en el comienzo de la película, que representa la fatalidad de la vida, su absurdo paso por las cosas. Es curioso que un hombre que ha llevado un ejército, un hombre que ha luchado con el desierto y con muchos hombres, muera de semejante manera, lo que enfatiza el carácter absurdo de toda vida y la necesidad, parece decirnos Lean, de dejar todo afán de superioridad, ya que nada vale lo suficiente como para resistirse a la muerte cuando llega.

La libertad es tema clave, porque Lawrence lucha con todos aquellos que le impiden conseguir su objetivo, a través de un desierto claramente protagonista de la historia, verdadera simbiosis de Lawrence, porque este no para de mirar el desierto. Hay en la escena en que llega Omar Sharif una sensación de irrealidad, como si fuese un oasis, para Frederick Young, la escena, hermosa como pocas, «fue como ver un mar en el desierto», ya que nos invita a acercarnos a una imagen borrosa de un hombre que poco a poco toma tintes de realidad, mientras las arenas del desierto parecen las olas del mar, a través de la reverberación luminosa que el calor ofrece, en una secuencia hermosa e irrepetible en el cine moderno.

Lawrence tiene tintes míticos, lo es cuando aguanta la llama encendida de una cerilla en sus manos entre los oficiales, lo es cuando encuentra por primera vez al rey Faisal, ya que este lo mira entre el humo, como si fuese una aparición, el Mesías prometido. Lo es cuando atraviesa Lawrence, en su camello, como un dios, el desierto de Nefud, travesía que emparenta al militar inglés con Neptuno, ya que surca el desierto como si navegase en el océano, tal es la nítida visión bicromática de las inmensas panorámicas, separando el cielo y la arena, como si todo se llenase de azul.

Lawrence irá perdiendo su luz a lo largo de la película, titán vestido de blanco, rubio como el oro, de hermosos ojos azules (O'Toole le dio al personaje una intensidad que estoy seguro de que no le hubiera otorgado otro posible candidato al papel, Albert Finney, quizá Brando hubiese sacado partido al personaje, pero nos hubiera alejado del mismo por la carencia de la elegancia inglesa que sí tenía O'Toole en cada secuencia). El personaje pierde su luminosidad cuando su epopeya ya no es justa, cuando la libertad pasa a un segundo plano y lo que triunfa es la ambición y la locura progresiva del protagonista. Lo vemos en el asalto al tren turco, Lawrence sube a los vagones, como si hubiese dominado el mundo, pero ya no lo vemos claramente, hay sombras que nos lo impiden, percibimos la sombra que deja, las botas, el contorno oscurecido de un ser que había alcanzado visos de eternidad. Cuando es apresado por los turcos, humillado y maltratado, descubre que no es un dios, que ha excedido su deseo de liberar un pueblo, ya que no lo ha conseguido del todo y no se ha liberado del yugo de sí mismo, de su ambición y de su narcisismo.

En Damasco el proyecto político de una unidad árabe fracasa, porque las tribus no son capaces de unirse en un Consejo Árabe que domine la ciudad en nombre de Feisal. Auda (Anthony Quinn) le pide a Lawrence que vuelva al desierto, pero él sabe que ya nada le espera, ha descubierto su esencia de hombre, su imposibilidad para ser un dios y el fracaso de su misión. La libertad, como la felicidad, es una quimera que el hombre persigue, cree el famoso militar inglés cuando se va de la reunión.

Lawrence de Arabia (1962). Película de David Lean con Omar Sharif y Peter O'Toole. © United Archives/IFTN/ Cordon Press.

La película, que comenzaba con un Arthur Kennedy (periodista en la ficción) indagando sobre la vida de Lawrence, para dar paso a su vida en el ejército y su absurda muerte, nos recuerda a *Ciudadano Kane*, un ser que lo ha tenido todo, pero que realmente no tiene nada. La vida es, en definitiva, muy poca cosa, comparada con la inmensidad del desierto y la libertad absoluta que este tiene, mucho más allá de lo que los seres humanos piensen o sientan sobre él.

Lawrence de Arabia se llevó siete óscares (mejor película, mejor director, fotografía, decorados, sonido, banda sonora y montaje), muy merecidos, pocas películas tan hondas y hermosas como esta magistral cinta de Lean, superior a *Doctor Zhivago*, pero afín en su deseo de contar una epopeya en escenarios majestuosos. La película sufrió cortes en su estreno en Londres el 9 de diciembre de 1962, ya que Sam Spiegel, el productor, la quería más corta para su estreno en Nueva York, pero en el reestreno en 1971 acortó aún más la cinta, en 222 minutos. Fue gracias al esfuerzo de Spielberg, Scorsese y John Davison el que la película recobrara, en 1989, la duración original, tal como la concibió David Lean, una obra maestra que aún sigue descubriendo la belleza del desierto, su grandeza y nuestra insignificancia, lección sublime para todos, sin duda alguna.

DOCTOR ZHIVAGO: UNA HERMOSA HISTORIA DE AMOR

Doctor Zhivago es una gran película que aún hoy nos recuerda lo mejor de David Lean. La historia, basada en la novela de Boris Pasternak, cuenta los años de juventud y madurez de Yuri Zhivago en la convulsa Rusia de los años de la Gran Guerra Civil, es decir, cuando triunfa la Revolución Rusa, en 1917. Todo empieza, cuando una chica va a ver al hermanastro de Yuri, llamado Yevgrav, el cual ocupa un importante cargo en el ejército soviético, interpretado por Alec Guinness, estupendo como siempre, él está convencido que esa joven es la hija de Zhivago.

Le cuenta la historia de su presunto padre, desde sus años de médico en la Primera Guerra Mundial, cuando conoce a una enfermera llamada Larisa Antipova, a los últimos de su vida, cuando se encuentra, de nuevo, con ella, en un tranvía y, queriendo seguirla, para volver a verla, corre por la calle y fallece de un infarto. Larisa está casada con un hombre llamado Pasha que, con el tiempo, se convierte en un miembro destacado del partido comunista, papel interpretado con excelente aplomo y notable expresividad por un muy buen actor británico, Tom Courtenay. Pero la joven mantiene una relación clandestina con un tipo detestable, Víctor Komarovsky, al que da vida Rod Steiger, dotando al papel de su sello particular, el cinismo que este actor siempre ha sabido dar a sus interpretaciones (entre las más memorables hay que recordar *La ley del silencio* o *En el calor de la noche*).

Todo se complica en Moscú y Yuri Zhivago se marcha con su esposa Tonia (interpretada por Geraldine Chaplin) a la casa de campo de la familia de Yuri, en Varykino. Se marchan con su hijo, ya podemos ver las escenas en que el padre da generosamente a su hijo todo cariño, porque es un hombre bueno, idealista, que cree en la bondad del ser humano. Pero la paz también desaparece en aquel lugar, ya que la sombra de la Revolución Rusa y sus excesos llegan a todo el país; por ello, Yuri es obligado a incorporarse como médico forzoso para el ejército rojo. Cuando logra volver, descubre que su mujer y su hijo han huido al extranjero, a Francia. Reencuentra a Larisa, a la que llama Lara, viven un apasionado romance, hasta que ella debe huir porque su marido Pasha está en graves dificultades. Pasan años en los cuales Yuri no ha encontrado ni a Tonia, su mujer, ni a su hijo ni a Lara, hasta el encuentro en el tranvía, cuando la ve pasar, corre tras ella y muere en la calle.

Con este argumento, David Lean centra su historia en la mirada de los amantes, logrando imágenes muy hermosas de los dos, sin olvidar la parte en que ejerce de padre, con el hijo de Tonia, donde vemos la bondad de Yuri. Siempre sobrevuela en la película el amor que sienten ambos personajes, mientras la música de Maurice Jarre nos hechiza, en un escenario de gran hermosura, los paisajes nevados, rodados en gran parte en España (Soria, Salamanca y Madrid) y Finlandia.

La película ofrece una idea del doctor Zhivago muy idealista, la de un hombre que escribe poesía, por ello, luego, toda su obra se dará a conocer, un hombre que ama a Rusia y presencia el desencanto terrible que supone la Revolución, donde la violencia se propaga por todas partes.

Resulta muy curioso que el primer encuentro entre Yuri y Lara transcurra en un tranvía, sin que ninguno de los dos se fije en el otro, el final también se centra en el tranvía donde viaja la mujer, que ya ha sido madre de una hija, sin que Yuri lo sepa. También es interesante que Yegrav, el hermanastro de Yuri sirva de narrador de la historia a la hija de Lara y de Zhivago, como si nos adentrase en un mundo épico donde las imágenes nos sobrecogen, algunas magníficamente rodadas por Lean (como en su obra maestra, la muy superior *Lawrence de Arabia*). Me refiero a los soldados a caballo en Moscú atacando a los manifestantes, en la senda de Eisenstein y su inolvidable *Octubre*. Lean quiere hace un homenaje al cine ruso, a esa impresionante visión de los seres humanos como masa que defienden unas ideas anuladas en un momento por la represión policial.

Las ventanas, los espejos, son parte fundamental de esta película, la cual contiene muchas elipsis para concretar en una duración de ciento noventa y siete minutos la monumental novela de Boris Pasternak. En la película vemos cómo las ventanas ya señalan el espejismo que Lean pretende dotar a la historia, porque son símbolo indudable del idealismo de Yuri Zhivago ante la vida. Los dos protagonistas, Sharif (un actor poco expresivo pero idóneo para este papel de pensador, de hombre reflexivo; con O'Toole o Bogarde de protagonista la película hubiese tenido otra fuerza, ya que los dos son actores más densos que hubieran enriquecido algunos momentos clave de la película) y Lara, se encuentran en el tranvía, pero no se ven, solo los espejos de las ventanas los reflejan. También hay espejos en la casa de Lara, las paredes son casi transparentes. Al llegar a la mitad de la película, Yuri se acuerda de Lara, estando en Varykino, mira por la ventana y vemos los cristales de hielo que se derriten afuera, fundiéndose por encadenado con un campo de tulipanes que a su vez se transforma en el rostro de Lara, inundado de amarillo. Hay un gran esfuerzo iconográfico de David Lean por mostrarnos el amor como un espejismo, como un espacio abonado de transparencias que, a veces, se vuelven opacos, como en Varykino, cuando, en una imagen, vemos los cristales opacos, a consecuencia de la placa helada que se instala sobre ellos.

Pero es importante señalar que la película está inundada de colores: el rojo del vestido de Lara, cuando está con Rod Steiger en el lujoso restaurante donde este la trata como una prostituta. El rojo de la sangre tras la manifestación en Moscú inunda la escena, contrastando ese color con el blanco de la nieve, como un desgarro ante la pureza de la ciudad, afín al idealismo de Zhivago ante la vida.

Y, por último, la idea del padre, el hombre que mira a su hijo, con ternura, estando al lado de Tonia, lo que nos confunde, porque no hay desamor ante la mujer, aunque luego tenga como amante a Lara (maravillosa la música, el famoso tema de Lara que se repite se incrusta para siempre en nuestro corazón, con la mirada de la guapísima Julie Christie). También el final, cuando el hermanastro de Yuri acaba de contar a la chica la historia del doctor Zhivago y le pregunta acerca de la música, si toca algún instrumento, a lo que ella responde que sí, conociendo que esa chica tiene los rasgos de su padre, el hombre que ha dejado una obra honda y poderosa en sus escritos, su poesía para la historia.

La hija, que no conoció a su padre, se queda hechizada ante esta historia, porque admira a ese padre que supo defender sus ideas ante tanto horror y tantas dificultades. Los *flashbacks* inundan la narración, hay algo onírico en esta representación de una época histórica, en esta hermosa película (los trenes, como en el que viaja Yuri con su mujer sobre el escenario nevado, rodado en España, mientras se hacina la gente en los vagones, también nos emocionan), porque siempre están los sueños de un padre (la serena mirada siempre de un actor que, sin ser de primera fila, nos dejó momentos de gran emoción en esta película, Omar Sharif), que quiere un mundo mejor para sus hijos. Sin ser perfecta, como *Lawrence de Arabia*, sigue siendo una bella sinfonía para los amantes del buen cine.

DAVID LEAN: UN MAESTRO DEL CINE

Sin duda alguna, nos hallamos ante un maestro del cine, un hombre que ha sabido ver la grandeza y la pequeñez del ser humano en películas magistrales como las que he comentado, donde la mirada de Lawrence ante el desierto o la de Zhivago ante los ojos de Larisa nos envuelven para siempre en el romanticismo ya casi perdido en el cine. Pero no hay que dejar a un lado el esfuerzo épico del director para lograr obras maestras como la primera, donde todo funciona a la perfección para dotar a O'Toole y a los otros actores de una inmensa intensidad que los convierte ya en inmortales del cine, pero también películas notables como la segunda, con un Omar Sharif que defiende su papel, aunque algo eclipsado por la fascinación que despierta Julie Christie, sin olvidar a Alec Guinness en *El puente sobre el río Kwai*, otra película memorable sobre el esfuerzo de un grupo de soldados para no perder la dignidad como prisioneros de guerra.

Lean, que nos sedujo con películas como *Breve encuentro*, en los años cuarenta, se consolidó como un gran director con este cine épico, pero profundamente humano. Este homenaje pretende recordar a un maestro que, lejos de ordenadores, hacía del cine una aventura fantástica que no debemos olvidar.

Parte

OTROS GRANDES DIRECTORES

El mundo onírico de Luis Buñuel

Luis Buñuel ha sido uno de los directores más prestigiosos del cine español, de larga trayectoria, un hombre que vivió la senda de la literatura a través de su relación con Federico García Lorca, el mundo de la pintura, conocida fue su amistad con Salvador Dalí, pero también descubrió, como si de un amanuense se tratase, la forma en que el cine debía ser diseccionado. Su capacidad de entomólogo y la precisión con que trató los detalles de sus películas han pasado ya a la posteridad.

Nacido en una familia acomodada, estudió en la universidad de Madrid y entre 1917 y 1924 vivió en la Residencia de Estudiantes, donde conoció a Lorca y a Dalí. Precisamente, será allí donde pondrá en marcha ese mundo extraño que lo acompañará siempre, donde los tres sometían a su imaginación a un continuo juego, es muy conocida la rivalidad entre los tres, los juegos macabros que llevaban a cabo, como cuando Lorca se fingió cadáver en la habitación como un experimento para divertimento del grupo. Buñuel estaba interesado por el boxeo y por el cine.

Fue en 1925 cuando el futuro director viaja a París y queda fascinado por *Las tres luces* (1921), de Fritz Lang, película que marca su destino. Publicó críticas esporádicas para publicaciones españolas y francesas, en sus viajes a España colaboró en la fundación del cineclub de Madrid, donde se proyectaban películas vanguardistas francesas.

Un momento clave fue la filmación de la película *Un perro andaluz* (1929), donde puso todo su talento para hacer un manifiesto surrealista, una película en la que Salvador Dalí, autor del guion, expuso toda su fiebre onírica, escenas como la de la cuchilla de afeitar que raja el globo ocular izquierdo de Simone Mareuil. Pero también la presencia de pianos de cola o asnos que deambulan por la pantalla ya representan el absurdo de un mundo donde nada encaja, puro juego visual, con el que disfruta Buñuel, porque siempre fue un fetichista del cine.

La edad de oro (1930) supone una afrenta al sistema establecido, donde la irreverencia de Buñuel aparece en muchas escenas, como en la lucha del Hombre, arquetipo del ser defenestrado, impotente sexual (Gaston Modot) en pugna con la mujer (Lya Lys), sus gritos lujuriosos, interrumpidos por la presencia de un enano con un sombrero de copa que se parece al rey de Italia.

Toda la película representa el mundo onírico, pero también la ironía visual de un cineasta que ya juega con el espectador para provocar su airada respuesta si es conservador, porque el mundo se somete a un proceso de descomposición, todo ha de crearse de nuevo, para que tenga sentido deben caer los estamentos sociales para instaurar un nuevo orden que restituya la moral en el mundo.

Su siguiente película *Las Hurdes* es una filmación documental de la realidad de Extremadura donde el hambre y la miseria rodean a los personajes. Es curioso que el rodaje de la película se financió con un billete de lotería que le había tocado al productor, un amigo anarquista de Buñuel llamado Ramón Acín.

El documental se inspiraba en un libro de Maurice Legendre, un hispanista francés que había publicado un estudio sobre Las Hurdes. Era un retrato de una España atrasada, miserable, donde la mortalidad infantil hace estragos. Asistimos a la España profunda, salvaje (un gallo es colgado por las patas en la plaza mayor y todos los muchachos que se han casado deben arremeter contra el gallo y arrancarle la cabeza). La pobreza inmensa, los campesinos bebiendo agua contaminada, los niños desnutridos, la incultura atroz de un pueblo bárbaro, se reflejan en la película.

El Gobierno de la República, elected en 1933, el bienio conservador, prohibió la película por dar una imagen atroz de España. La película quedó inconclusa por falta de presupuesto. Fue en 1936, gracias a una subvención del Gobierno de la República (ya perteneciente al Frente Popular, con los progresistas al mando), cuando se pudo acabar la película.

Sin entrar en los años mexicanos, en el exilio que tuvo que sufrir, fructífero porque dirigió muchas películas en esos años, hay que tener en cuenta, sobre todo, *Los olvidados* (1950), una película sobrecogedora, una historia que retoma el mundo de los marginados, de los hombres que han perdido las esperanzas, de los olvidados de la sociedad y de Dios, porque Buñuel plasma su agnosticismo en sus películas. Pero llega 1961, ya en España de nuevo, y rueda *Viridiana*, una cinta donde ya vemos el onirismo del cineasta. Una joven que quiere sentir el olor de la santidad llega a casa de su tío, don Jaime (brillante Fernando Rey), el cual ha vivido aislado desde que su esposa murió en la noche de bodas.

La película está llena del fetichismo buñueliano, el hombre que se prueba el vestido de novia de su esposa, la joven que sufre de sonambulismo. Don Jaime vive su paranoia y quiere que Viridiana se ponga el vestido de su mujer, antes de que ella vuelva al convento; ella rechaza los juegos fetichistas del tío y se marcha. Don Jaime se ahorca, desesperanzado, desolado por la adversidad de su vida.

El hijo ilegítimo de Jaime (Paco Rabal) hereda la mitad de las propiedades de su tío, la otra parte es para Viridiana, que vuelve y que transforma la hacienda de don Jaime en un hogar para mendigos. Si Viridiana es un espejo de don Quijote, el tío representa a la España frustrada que no ha llegado a asumir su papel en la historia, Jorge es el hombre que busca un mundo más justo, pero que también siente el egoísmo del dinero y la codicia.

La película representa la historia de un mundo lleno de sombras, una España ennegrecida por la Guerra Civil y por el posterior franquismo, que ha horadado los cimientos de la libertad para muchas generaciones.

En *El ángel exterminador* (1962), Buñuel somete a un grupo de personajes al encierro en una casa en la que no pueden salir, otra metáfora de la España sin libertad, donde el onirismo de unos hombres de la alta sociedad que se comportan cada vez de forma más soez nos deja una sensación triste de un mundo amparado en la incultura y en la barbarie, donde los ricos no enseñan más que el egoísmo y la petulancia de su clase social. No hay que olvidar que *Viridiana* también refleja una cena, en este caso de mendigos, equiparados, en su ignorancia, a los ricos de *El ángel exterminador*.

Pero una película decisiva de los años sesenta, en el cine de Buñuel, es *Tristana* (1969) de Galdós, donde los personajes también viven en la miseria de las ideas. De nuevo, los protagonistas son un hombre mayor, don Lope (Fernando Rey), y su sobrina, Tristana (la bella Catherine Deneuve), en la que se afilan las sombras del ambiente sórdido (basada en una novela de Galdós), porque el amor es imposible, solo vive la conveniencia de una joven sin futuro en manos de un hombre decadente.

Las calles de Toledo, la mirada de la Deneuve reflejando el hastío de la vida, se quedan para siempre en nuestra retina. Otras películas de Buñuel de ese período merecen atención, como *Diario de una camarera* (1964), con Jeanne Moreau, o *Simón del desierto* (1965), otra demostración de Buñuel de su particular mundo, donde la imagen de la tentación por parte del diablo (Silvia Pinal, de nuevo) a un Simón que cura a los mancos nos ofrece de nuevo la faz del mal en la vida que nos rodea.

Siempre queda el escepticismo de Buñuel, su increpación a Dios, como un hacedor que vive en su silencio en un mundo que solo conoce el dolor.

Para concluir, Buñuel es, sin duda, un director que ha hecho un cine muy particular, donde la crítica a los estamentos sociales crece, porque, como hombre escéptico, es consciente del onirismo de nuestra vida real, tan parecida a los sueños, tan distorsionada por el absurdo y la crueldad.

Como colofón, podemos ver que Buñuel plasma el lado más obsceno de mujeres aparentemente virginales, como es el caso de *Belle de Jour* (1966), donde la Deneuve ofrece su cuerpo a los hombres, o una mujer rubia, como Silvia Pinal en *Tristana*, siguiendo el estereotipo del Renacimiento, donde la mujer de cabellos dorados significaba la virtud, aquí desvirtuando los tópicos, porque Buñuel fue no solo un gran director, sino un transgresor que nunca escondió su visión de la vida en el cine.

Víctor Erice, una poética del silencio en el cine

Pocos directores españoles han llevado a cabo un pulido tal de su cinematografía como el caso de Víctor Erice, director olvidado para muchos, pero esencial para otros, porque su cine es un ejercicio de la mirada, donde el silencio de los personajes cobra toda relevancia. Erice, autor de solo tres películas en cuarenta años, es un hombre meticuloso, que busca la hondura de un lenguaje cinematográfico que se convierta, por el poder seductor de la imagen como arte intemporal, en eterno.

Sin duda alguna, Erice puede parangonarse con autores españoles de la talla de Carlos Saura, mucho más prolífico, porque ambos investigan en sus películas el ejercicio de la mirada, su poder, la devastadora influencia de una época que ha dejado huella, en *El espíritu de la colmena*, en el caso de Erice, o en *La caza*, en el caso de Saura. También es un cineasta que busca la imagen como espacio donde transitan las alucinaciones de unos personajes envolventes que viven sus espejismos en un mundo onírico, lejos de la mediocridad de la España franquista de la época.

Erice nació en Carranza (Vizcaya) en 1940, aunque se trasladó a San Sebastián con pocos meses, donde vivió hasta los diecisiete años, allí cursó el Bachillerato Superior. Después se trasladó a Madrid donde comenzó sus estudios de Ciencias Políticas en la Universidad Central. Los estudios de Políticas eran un pretexto del futuro director para acercarse al Instituto de Investigaciones y Experiencias cinematográficas que existía entonces en Madrid.

En 1960 ingresó en el citado instituto, luego llamada Escuela Oficial de Cinematografía. Su debut fueron dos cortometrajes realizados en el curso 1960-1961, titulados *Entrevías* (de 16 mm) y *Páginas de un diario perdido* (de 35 mm). Se graduó en el curso siguiente.

Durante su etapa de estudiante cinematográfico comenzó su trayectoria (más fructífera que como director) como crítico de cine en *Cuadernos de Arte y Ensayo* y, especialmente, en *Nuestro cine*, de la que formó parte del consejo de redacción durante la primera etapa de la revista.

Debutó como director con un episodio de *Los desafíos*, película rodada en 1969, donde ya indaga en las relaciones humanas entendidas como un juego de poder. El intercambio de parejas de los protagonistas nos habla ya de una constante temática en su filmografía: la soledad de los personajes, su ausencia de comunicación, que se verá mejor en su obra maestra, *El espíritu de la colmena*.

El título de esta ópera prima del director vasco tiene que ver con el enfrentamiento entre dos hombres, Charley y Julián, en los espacios cerrados, porque Erice plasma la soledad de unos seres humanos encerrados en celdas, como se verá en toda su extensión en su siguiente película, cuyo título hace referencia a la colmena, la sociedad encerrada en sus traumas (la terrible posguerra española) donde viven la incomunicación y un pasado que no acaba de cicatrizar para los protagonistas de la historia. El pueblo, en *Los desafíos*, es el espacio abierto, un lugar que funciona a modo de testigo mudo (reflejo de la incultura de una España profunda) donde presagiamos la desgracia futura de sus protagonistas.

El espíritu de la colmena (1972) supone la consagración de Erice como director de culto, porque su filmografía es muy escasa, pero contiene tres obras maestras que pesan sobre muchos otros directores, mucho más prolíficos, que nunca han alcanzado el poderío visual y la certeza de un lenguaje cinematográfico tan amplio y profundo.

En esta película vemos la soledad de unos personajes en la posguerra española, todo a través de una niña (Ana Torrent) que va fraguando su mundo de fantasías, alternando ese espacio de ficción con la realidad de su casa, donde late la incomunicación y el dolor (en la figura de su padre, papel interpretado genialmente por Fernando Fernán-Gómez, y la madre, Teresa Gimpera).

El espíritu de la colmena (1973). Película de Víctor Erice.
© Alamy Stock Photo/Cordon Press.

La acción transcurre en un pueblo de la meseta castellana, llamado Hoyuelos, hacia 1940. Podemos ver en una panorámica primera del pueblo, una casa con el yugo y las flechas del fascismo español. La película, sin embargo, no deriva en una historia más sobre la posguerra española, sino que se adentra, desde esa idea general, en una visión íntima de esa época, ya que no hay enfrentamiento entre vencedores y vencidos, todo aparece suspendido en las miradas de unos seres erráticos que ya han perdido la posibilidad de confrontación alguna. Aparece un cinematógrafo donde la niña va plasmando su mundo secreto, sus sueños, en los cuales aparece reiteradamente el monstruo de Frankenstein.

Los personajes viven como en una colmena, presas de los hexágonos (espacio cerrado) al igual que la fuerza icónica del yugo y las flechas, estados totalitarios donde la imagen sustituye a la palabra. Como la palabra no puede ser pronunciada, en ese estado de censura en el que viven, el padre de Ana (la niña) se dedica a escribir una especie de ensayo; la madre escribe una carta de amor.

Todos los personajes, en esta obra maestra indiscutible, buscan un contacto con el exterior que les aísle del hexágono en que se compone la colmena (el interior). Fernando (el padre, un perdedor de la Guerra Civil) hace entrar el sonido, a través de la radio, porque él es incapaz de establecer comunicación alguna con su mujer o sus hijas (Ana es la hermana pequeña, la mayor es Isabel). La madre escribe cartas a alguien del pasado, alguien con el que tuvo una historia de amor, en un tiempo feliz.

Lo visual también está presente en esta película, el cielo siempre oscuro, los colores amarillos de la casa, las sombras que invaden en determinados momentos las estancias, como si hablasen del dolor inserto en los habitantes de la misma. Pero Ana, la niña, con los ojos grandes, es la que vive más el exterior, la vemos con su hermana en el campo, en la calle viendo al camión que viene al pueblo a traer una especie de circo, los trenes, como metáfora del viaje, el que ha de hacer para liberarse de la celda en que vive.

Mientras el padre nunca aparece en el espacio iluminado de la mujer, sino que, si la vemos a ella, él permanece en la sombra, como si fuese una figura inerte, un decorado más de la noche que les envuelve.

El color es importante en la película. La presencia del blanco para los vestidos de las niñas manifiesta la ausencia de una actitud ante la vida, son seres que deben hacerse, donde el dolor todavía no está impregnado para siempre, por ello, el deseo de huida de la niña, con la presencia viva siempre del tren. La niña logra salirse de la vida opaca en que viven sus padres, gracias a la imaginación y a la presencia del monstruo, el que ve varias veces, metáfora de un ser que rompe las reglas, símbolo de un espacio de libertad que no es admitido por la sociedad mezquina en la que vive y que supone, como el tren, la huida y la libertad.

Por todo ello, Ana logra romper las barreras de la colmena y, al hablar con el monstruo de Frankenstein, logra comunicarse con el mundo de la ficción y con un espacio de libertad para su futuro. Las niñas asisten a la proyección de la película de Frankenstein, donde el monstruo mata a la niña. Ana no entiende por qué la bestia mata a la inocencia. Su hermana mayor le explica la razón, la vida y la muerte están entrelazadas, por ello, la historia acaba mal.

Isabel es la iniciadora de los juegos, la que abre el baúl de los secretos en la inocencia de su hermana, por ello, finge estar muerta (la presencia de la muerte es muy evidente en la película), ya que se alimenta del cine, de la visión ficticia de la vida. Ana no entiende los significados de los juegos, pero irá abriendo su imaginación gracias a su hermana, demiurgo de los secretos de la casa. Solo cuando el padre inicia un viaje pueden las niñas coger los objetos, liberarse de las ataduras de las cosas prohibidas que la colmena impedía poseer (reflejo de una España franquista y sin libertad alguna).

Para concluir mi estudio sobre esta película enigmática y magistral, cabe decir que Ana vuelve del mundo de los juegos y los sueños al de la realidad del silencio, con la vuelta a casa del padre (de nuevo, la colmena), pero ya no será la misma, ni su relación con su hermana, alejada ya de la colmena para siempre. La experiencia que ha vivido la marcará para siempre, como si otro mundo fuese posible, clara alusión de Erice a una España en libertad.

Con *El sur* (1982) llega la segunda obra maestra del director vasco, en este caso, cuenta la historia de otra niña, Estrella (Sonsoles Aranguren), que viaja con su padre, Agustín, siempre en tren (de nuevo, el tren, máquina que huye del tiempo en busca de una felicidad que la vida niega). Todos los viajes vienen del sur y del pasado o van hacia él. Aparece la casa familiar, donde el padre y su hija alientan un mundo de sombras, pero también de luz. La llaman «La Gaviota», donde muy pocas personas viven en el interior, anidando un espacio que conoce el dolor que trasmite el silencio, en la línea de *El espíritu de la colmena*.

El péndulo es otro elemento fundamental, donde Agustín (un extraordinario Omero Antonutti) crea un mundo de sueños y de sombras, en el desván de la casa. Allí aprende Estrella la capacidad de su padre como demiurgo, como hombre que traslada sus silencios al otro lado de la vida. De nuevo, hay una referencia clara a su película anterior, donde Ana, la niña, miraba el pozo, los giros de la piedra al caer al agua, aquí son los vaivenes del péndulo, en un acto místico inolvidable. Hay algo sagrado en la comunicación interrumpida entre padre e hija, las palabras se encuentran a veces con los silencios donde dormita una historia clandestina y secreta del padre.

Julia (Lola Cardona) es la testigo del mundo del padre, la que conoce el secreto, por ello, será ella la que cuenta a la niña la historia que tuvo lugar en el sur, donde su padre tuvo un amor especial, alguien que sigue perenne en su memoria, Irene Ríos. Sin olvidar a la criada, una inolvidable Rafaela Aparicio, que, envuelta en su sabiduría escénica, cuenta a la niña revelaciones e historias en su afán de dar una visión onírica a la vida.

Sin desvelar más sobre la historia, vemos la magia de la mirada de la niña, las sombras del padre, la importancia del cine, Irene Ríos es una actriz que cautivó al hombre que hoy es la devoción de Estrella, la importancia de las cartas. Todos son elementos aparecidos en su anterior película, que van cobrando significados cada vez más hondos, lo que refuerza la idea de que el cine de Erice es un cine de símbolos, de objetos que empiezan a cobrar toda su intensidad, de miradas que pesan en las sombras de la casa, de silencios, cargados de verdades.

Agustín, hombre que no encuentra nada ni nadie para superar su dolor, acabará quitándose la vida, lo que refuerza su hermetismo, su incapacidad para permanecer en el mundo y disfrutar de la devoción que su hija siente por él, nos encontramos con un padre que niega el afecto a su hija, al menos en lo más profundo de su ser.

Película mágica, que nos desvela un mundo único, por el que transita el universo del director vasco. Su producción terminará con *El sol del membrillo* (1992), que recrea el mundo de Antonio López, el pintor, donde nos muestra su universo, la casa, pero todo se centra en el árbol, el membrillo que adorna el patio, donde López muestra su devoción por la naturaleza, porque, para el pintor ver es conocer, al plasmar el mundo en sus cuadros reinventa la vida, le da otra forma, crea, en definitiva, un universo propio.

El membrillero refleja el estado de ánimo, la vida de López, es un árbol que crece, que madura y que muere, como si fuese un ser humano.

Con ella, Erice termina una obra sólida, atípica, compuesta con la lucidez de un hombre que ha creado, como pocos, un verdadero lenguaje cinematográfico.

Cada diez años, como si fuese un número mágico, Erice compone el sueño de filmar, logrando obras maestras que aún nos fascinan con sus imágenes inolvidables. No ha vuelto a hacer cine, lo que sigue siendo un enigma, quizá porque hay demasiada luz en sus deseos de filmar y la realidad, tanta que nos estremece, no se adecúa a su mundo de sueños, a sus propuestas tan originales y singulares, atípicas en el cine español, si exceptuamos a Buñuel o Saura (Almodóvar hace otro cine, con una sólida forma de narrar y una escenografía brillante, pero lejos de la hondura de Erice).

Para concluir, vemos que Erice realiza sus películas en el otoño, porque vive en él la melancolía de una vida llena de luces y sombras, de secretos y de revelaciones, una vida que pasa envuelta de silencios y miradas, en definitiva, una vida que el cine de Erice nos deja como un testamento magistral de lo que es, en esencia, el ser humano.

La melancolía del cine de José Luis Garci

El director madrileño José Luis Garci (1944) ha ido creando un cine de tono melancólico donde los personajes deambulan con cierta tristeza, son seres errantes que envuelven en sus miradas la soledad de un tiempo que se fue.

No podemos olvidar esos personajes que viven la realidad de la nueva democracia en películas como *Asignatura pendiente* o *Solos en la madrugada*, ambas protagonizadas por un excelente José Sacristán, que da vida a ese personaje que añora el ayer, cuyo discurso lleva en sí la añoranza y la nostalgia de un tiempo ido.

Fueron estas dos cintas un indudable paso a una filmografía del lenguaje, donde la palabra cobra resonancia. Garci, como gran admirador del cine del Hollywood dorado, cree en el discurso en el cine, sus diálogos se cimentan de largas conversaciones donde los personajes viven sus contradicciones. Terminó con *Las verdes praderas* la trilogía de la transición, donde Alfredo Landa, uno de los mejores actores de nuestro cine, dio vida a un español medio, como Wilder hizo con el gran Jack Lemmon, ese español que sabe que no ocupa un lugar importante pero que es el motor de la sociedad de consumo de finales de los años setenta.

Llegaría después, al fundar la productora Nickel Odeon, la película que marca un punto y aparte en su trayectoria *El crack*, de nuevo con Landa, donde crea el personaje de Germán Areta, un detective que no tiene mucho que ver con el cine negro americano, con ese inolvidable Bogart, pero que representa a un soñador que se enfrenta a una sociedad del hampa y de la nueva España de principios de los ochenta.

Con el premio Oscar para *Volver a empezar*, Garci sabe que su cine se ampara en la nostalgia, aquella vuelta a una Asturias dejada atrás, la historia de amor de dos seres ya otoñales (estupendos Ferrandis y Encarna Paso) que recuerda a la Asturias de su padre, donde el director madrileño crea una hermosa película llena de diálogos estupendos e inolvidables.

Si *El crack* fue un sentido homenaje a Dashiell Hammet, *El crack II* lo será a Raymond Chandler, donde Garci expone su gran amor al cine negro y al cine en general en estas dos estupendas cintas llenas de intriga e ironía.

Llegarán otras películas: *Sesión continua, Asignatura aprobada*, la adaptación de la obra de teatro de Gregorio Martínez Sierra *Canción de cuna*, a la que seguirá *El abuelo*, basada en la novela de Galdós. Ese afán del director de adaptar novelas al cine tendrá un notable éxito y refuerza la idea de la gran nostalgia de Garci por el tiempo ido.

Volver a empezar (1982). Película de José Luis Garci
con Antonio Ferrandis y Encarna Paso.
© Nickel Odeon SA/Album.

Pero siempre nos queda esa mirada a ese Gijón inolvidable en *Volver a empezar*, donde el director nos deja una emoción latente, la de su luz especial, donde vive el gran cine que ha soñado y que quiere trasladar a la pantalla.

En 1992 fue galardonado con el Premio Nacional de Cinematografía y en el año 1997 con la Medalla de Oro al Mérito de las Bellas Artes, claros tributos a su gran obra cinematográfica.

Desde su cine de los setenta a las películas más recientes, Garci es un director de claros homenajes a los grandes del cine, como nos demostró en su famoso programa *¡Qué grande es el cine!*, en sus personajes late una nostalgia que cala al espectador a través de diálogos de gran hondura existencial.

La nostalgia en el cine de François Truffaut

Hay una película que demuestra una mirada a la nostalgia de dos hombres y una mujer que entienden su historia de amor con toda la libertad y la independencia que muestra François Truffaut en esta bella historia que, sin embargo, no tiene final feliz, me refiero a la inolvidable *Jules et Jim* (1961). Quizá sea porque se ha gozado tanto con la alegría que inunda al trío formado por Oskar Werner, Jeanne Moreau y Henri Serre, que no podía durar la dicha eternamente, queda en ellos una nostalgia ante la vida que disfrutaron tanto. Fue el triunfo de la *Nouvelle Vague* y esta película nos ofrece un canto a la dicha de vivir, con su reverso siempre, pero el optimismo cala en la pantalla, hay una forma de ver la vida que se convierte en gran ejemplo para todos.

La historia comienza en París en 1907, cuando Jules conoce a Jim, este último le pide que le facilite la entrada en los Quat-z' Arts, antes de ir al baile; ambos demuestran ya su espíritu jovial, disfrazándose de varios personajes. La amistad de ellos dos va cimentándose, conocen a Catherine (Jeanne Moreau), una mujer luminosa, apasionada, que parece mirar todo como si fuera por primera vez. Nos recuerda, sin duda alguna, a los buenos lectores de Cortázar, a la Maga, la protagonista de *Rayuela*, la mujer independiente y libre de la que se enamora Oliveira. En este caso, es Jules (Oskar Werner, un actor que volvería a coincidir con Truffaut en la muy interesante *Fahrenheit 451* [1966], en la que interpretaba a un bombero que se resistía a quemar los libros en ese mundo dictatorial que buscaba anular a la inteligencia) el que se casa con ella. Tras el final de la Primera Guerra Mundial, Jim (Henri Serre) les visita, ambos viven con la hija que han tenido,

Sabine. Jim vuelve a mantener relaciones con Catherine porque sigue amándola, Jules lo sabe, pero no quiere renunciar ni a su mujer ni a su amigo. El trío amoroso sigue feliz, demostrando que no les importa nada lo que otros piensen. Catherine quiere un hijo con Jim, pero lo pierde. Ella no soportará la infidelidad de Jim que quiere casarse, como si ya no amase de igual modo a Catherine, con Gilberte, su vieja amante. Catherine decide estrellar su coche en un paseo que dan Jim y ella, ambos mueren y son incinerados. Jules cuida de las cenizas de ambos, porque quiso tanto a su amigo como a su mujer.

La historia derrocha una alegría diferente a otras películas de Truffaut, porque el encantamiento reside en la relación triangular, en la forma de quererse, fuera de convenciones, en la libertad en la que viven su vida. La novela de Henri-Pierre Roché es la base de la película. El director francés la descubrió en una librería de ocasión situada en la plaza de Palais-Royal de París. La novela fue escrita por Roché a la edad de setenta y seis años, siendo la primera obra de su autor. El estilo conciso y directo de la novela le interesó a Truffaut, también el poso autobiográfico que hay en ella.

La película ahonda en la felicidad, sin que podamos olvidar la nostalgia que sienten ante el pasado, que viven los personajes, en la ausencia de culpa que tienen ante la infidelidad de unos sobre otros. La relación atípica de la historia rompía los esquemas morales de la sociedad del momento. El personaje de Jeanne Moreau es fascinante, porque integra la mirada de una mujer compleja que vive, sin embargo, el amor de una forma libre y sin tapujos, una mujer moderna para la época en que transcurre la historia, incluso para los años en que se rodó la película. La verdadera Catherine existía, se llamaba Helen Hessel y se sintió entusiasmada por el retrato que hizo el director francés de ella y de la historia con sus dos amantes amigos.

La película goza de un lirismo que, para algunos, ha envejecido mal, pero que, en mi opinión, sigue ofreciendo destellos de luz, de un aire moderno que nada tiene que ver con las críticas a la película. Hay muchos planos maestros, el uso de cámaras grúas, de los planos aéreos, del *travelling*. La depuración de la escritura fílmica nos ofrece una obra maestra que derrocha la alegría de tres seres que viven la realidad de otra manera, como si todo fuese un juego, sus correrías por la ciudad, su obsesión por los cambios de vestuario y las memorables escenas que ofrece esta película se quedan en nuestra memoria para siempre: la importancia del espejo en el que se reflejan Catherine y Jim, como si la vida fuese un sueño, como si la existencia de ambos estuviese envuelta en la irrealidad de las imágenes oníricas de Truffaut. También la idea de la mujer como estatua, un claro homenaje a la belleza, porque el clasicismo de Jeanne Moreau dota al personaje de esa luz que nos ofrecen las figuras esculpidas, la escena de Jim esperando a Catherine en un café, sin que ella acuda a la cita, nos recuerda a esas películas americanas, como ejemplo la maravillosa *El apartamento* de Billy Wilder, donde Lemmon espera a Shirley McLaine, sin que ella acuda a la invitación que aquel le hacía para ver un musical. Hay ese aire triste que toda historia de amor contiene, pero también un derroche de alegría, la que vivió el director, en su plenitud creativa, cuando se rodó la película.

La película está llena de ese fetichismo de los objetos, tan habitual en el cine de Truffaut (recordemos la cantidad de libros que aparecían quemados en *Fahrenheit 451* [1966] , pero también los carteles de cine que aparecen de películas en la inolvidable *La noche americana* [1973]), aquí el reloj de arena o el retrato de Jules como Mozart o las cartas que es necesario quemar porque acumulan mentiras (en el cine de Truffaut siempre ha habido una referencia continua a la palabra, a su poder hipnótico cuando los personajes leen las cartas que se envían). Me gusta especialmente la presencia de Marie Dubois, la cual imita el sonido de una locomotora con la boca mientras fuma un cigarrillo. Todos los personajes viven su libertad, su deseo de ser lo que quieren ser sin que nadie les recrimine por su ausencia de moral.

La acogida de la película fue muy positiva, siendo celebrada por el mismo Jean Cocteau. También les interesó la película a cineastas tan interesantes como John Cassavettes o Arthur Penn, ambos directores de un cine independiente (más en el caso de Cassavettes) que dejará huella en la cinematografía americana actual (como Jim Jarmusch o los hermanos Coen, por ejemplo).

La censura sí estuvo presente en algunos países, como en Italia, donde la cinta fue considerada inmoral por la relación a tres bandas que plantea. Una campaña que lideró Dino de Laurentiis, junto a Roberto Rossellini, entre otros, ayudó a que la película se estrenase en septiembre de 1962.

Nos queda la mirada de Truffaut, la felicidad que transmiten los tres personajes, la belleza de Jeanne Moreau (con gorra y con bigote al estilo muchacho), las imágenes de París, las correrías de los tres por la ciudad, los cafés, la lluvia, la forma dichosa de entender la vida, como si cada día fuera el último. Enmarcada en la *Nouvelle Vague*, la película no ha envejecido, sino que nos regala el mejor Truffaut, el que siempre me emociona en películas como *La noche americana*, *La sirena del Mississippi* (1969), *La mujer de al lado* (1981) y una de mis favoritas, *Los cuatrocientos golpes* (1959), donde la infancia, sus sinsabores y sus alegrías cobran toda relevancia, hasta hacernos reír y llorar al mismo tiempo. Un gran maestro y una gran película, sin final feliz, pero rica en momentos de dicha, donde el amor entre tres personas no es motivo de culpa, sino de admiración. Toda una demostración de buen cine, una obra maestra de Truffaut y de la *Nouvelle Vague*.

Y nos queda Jeanne Moureau, maravillosa como siempre, en esta historia inolvidable, ahora que ha muerto esta gran actriz a los ochenta y nueve años. Se nos van las grandes del cine, qué triste es el paso del tiempo, pero queda para siempre su rostro en un mundo mágico, el cine.

Jules et Jim (1962). Película de François Truffaut
con Jeanne Moreau, Henri Serre, Oskar Werner. Janus Films.
© mptvimages.com/ Cordon Press.

El cine de Antonioni.
La soledad de sus personajes

La obra de Michelangelo Antonioni sigue siendo, para muchos cinéfilos, una de las más valoradas que el cine italiano ha producido, por el hecho de hallarnos ante un cineasta que ha ahondado en la incomunicación del ser humano a través de imágenes de singular belleza.

Obra de culto, sin duda, la de Antonioni, porque su cine es moroso, con escenas lentas, que exigen del espectador una especial paciencia, para conseguir ese milagro de la imagen creadora, la que nos lleve a considerar sus películas como esenciales en nuestro universo cinematográfico.

El director italiano nació en 1912, en Ferrara, un 29 de septiembre. Creció en un ambiente intelectual donde triunfaba el fascismo italiano, pero el director se aleja de la simplicidad del fascismo, interesado por el cine, gracias a amigos que le acompañan en esa singladura que comenzó en los años treinta, con la sólida amistad de Giorgio Bassani y el filólogo Gianfranco Caretti, ambos del círculo literario de Ferrara, hombres que ya van abriendo la senda de la cultura en la ciudad italiana en un período tan difícil como el anterior a la Segunda Guerra Mundial.

Antonioni va a ser también un crítico cinematográfico de prestigio, en revistas como *Corriere Padano*, *Cinema*, *Italia Libera* y *Bianco e Nero*. En estas críticas, el futuro director ya establece sus preferencias por un cine donde la estética y el estilo sean los protagonistas esenciales. Por ello, Antonioni inició su carrera de director con esa idea, creyendo que el cine debe ser un lenguaje que recorre los sentidos, no un mero entretenimiento para la masa. Su cine es ya un esfuerzo cultural, donde la intelectualidad está presente, para alumbrar la senda de un lenguaje que debemos descifrar (ya sabemos el poco diálogo que hay en sus películas), lenguaje que debemos traducir en los gestos (muy hieráticos, a veces) de sus personajes.

ANTONIONI: CINEASTA DE LA INCOMUNICACIÓN

Antonioni se nutre del mundo viscontiniano, no en vano dirige el documental *Gente del Po* en el mismo lugar donde Visconti había realizado *La terra trema*, el mundo de los pescadores también está presente. Para Antonioni hay un deseo, afín al neorrealismo, de filmar la realidad tal como es, de dar vida a personajes anónimos, en su tristeza y en sus alegrías. La cotidianeidad de los personajes creados por Visconti en *La terra trema* es también lo que crea Antonioni en *Gente del Po*, son hombres de la ribera Emiliana, frente a los que dirigió Visconti en el pueblo siciliano de Aci Trezza.

La etnografía presente en ambos directores para crear un discurso antropológico del hombre, visto como un ser en sus costumbres, va perfilando ya dos carreras muy distintas, pero que encuentran cierta convergencia en la mirada al ser humano, una mirada atenta, escrutadora, minuciosa, de entomólogo.

No en vano, Antonioni ya había escrito un artículo sobre *La terra trema* en la revista *Bianco e Nero*, donde colaboraba.

El cine de la incomunicación de Antonioni llega con una serie de películas donde el realizador plantea ya la dificultad del ser humano de encontrar una simbiosis en otros seres, como si cada uno de nosotros escondiese un universo intransferible, cuyo hermetismo imposibilita el descubrimiento del otro, naufragando ambos, el uno y el otro, en un mutismo, esencial en su cine.

La aventura (1959), *La notte* (1961) y *El eclipse* (1962) son la cima de ese cine donde podemos ver la falta de comunicación de los seres, en un continuo ejercicio de miradas, que desvelan las inmensas soledades en que transitan sus vidas.

En estas tres películas, vemos a personajes que vuelven, inmersos en su vida gris y cotidiana: Claudia y Sandro, casados después de la escena de la *pietá* del final de *La aventura*, son el matrimonio Pontano que, tras la última escena de *La noche*, se separan en la primera secuencia de *El eclipse*. En definitiva, vivimos con seres que siempre son los mismos, vidas calcadas, donde la unión matrimonial va surcando la mediocridad, va generando un espacio de rutina y de aburrimiento, todo por falta de comunicación.

Todo es un desencanto, parece decirnos Antonioni, porque sus personajes hilvanan sus vidas grises poco a poco, en un progreso inevitable a la muerte. En *La aventura* (rodaje muy complicado, donde ocurrieron multitud de problemas que sería muy extenso citar), Sandro y Claudia (Gabriele Ferzetti y Monica Vitti) viven la rutina sentimental de sus vidas, vemos el mar, la isla, el lugar donde pasan una temporada, vemos el paseo juntos, pero sin diálogo posible, donde Sandro escenifica el hombre que desea a la mujer, como cuerpo, pero ya no la ama, mientras que Claudia es la mujer que ya ha perdido el amor, como si el sexo solo fuese un eco antiguo que apenas fuese perceptible, por Sandro. La diferencia es clara, el hombre sigue sintiendo el deseo sexual, aunque ya no exista el amor, pero la mujer, perdido el vínculo afectivo, ya no siente nada, pasea con un desconocido por un bello paraje, donde no hay palabras, solo los ruidos de las olas al chocar con el mar.

En *La noche*, volvemos a ver a un matrimonio, los Pontano, Giovanni (Mastroianni) y Lidia (Jeanne Moreau), ambos envueltos en la falsa relación, una incomunicación latente que va pesando a lo largo de la cinta y que nos recuerda a Sandro y Claudia. Si Giovanni es el escritor que va a visitar a un amigo moribundo, Lidia es la mujer que deambula por la ciudad, aburrida, porque su marido no tiene nada que decir, viven ambos en mundos herméticos, tan diferentes que solo la rutina los mantiene juntos.

Aparece la fiesta en la segunda parte de la historia, con la figura de Monica Vitti, la actriz fetiche de Antonioni y pareja del mismo durante ocho años, como una fantasía para un hombre abrumado por su mundo literario, hombre deshecho en la rutina de su mediocridad, ser que solo ve personajes ficticios, que no entiende la vida y el precipicio que supone. Valentina, el personaje de la Vitti, se divierte en un salón vacío, es un personaje literario, una heroína sacada de las novelas de Fitzgerald, que anima la rutina de Giovanni, ser que no consigue escribir, hombre muerto en vida, por falta de inspiración, incapaz de trasladar al papel sus ensoñaciones literarias, ve en la mujer que baila en el salón una figura viva, más real que su mujer, la cual deambula por la ciudad, desvelando la gran soledad que padece.

La Notte (FRA/ITA 1960). Escena de la película de Michelangelo Antonioni con Marcelo Mastroianni (Giovanni) y Jeanne Moreau (Lidia).
© Alamy Stock Photo/Cordon Press.

Antonioni filma con *La noche* un tratado sobre el vacío de la vida, que culmina en *El eclipse* (fue Premio Especial del Jurado en Cannes). Vemos de nuevo una obra tocada con la maestría de un observador, en una película, de nuevo, lenta, que va surgiendo en pequeñas secuencias para despertar al espectador del letargo vital. Pretende con la cinta acercarnos a un juego, de nuevo, Monica Vitti, ahora el guapo Delon, en una trama donde Vittoria (Monica Vitti) abandona a Riccardo (nuestro Paco Rabal), para iniciar un periplo por un mundo nuevo, mujer ciclotímica, que altera la felicidad y la alegría, ser que va despertando pasión y abulia, una mujer desequilibrada, donde la infancia y el mundo adulto conviven peligrosamente. Conoce a Piero (Delon) y establecen el juego de miradas (tan habitual en el cine de Antonioni, mucho más presente que el diálogo). Pero la relación tampoco triunfa, condenada a lo efímero; el mundo de los negocios de Piero se impone sobre la mujer, la cual se marcha, mientras él sigue en su despacho, condenado a sus hábitos y a su infelicidad. Los personajes se eclipsan, como el título de la película, porque no han sabido mantener la magia del amor, el encantamiento necesario para permanecer.

UN CINEASTA DE LA MIRADA

Concluyo diciendo que el director italiano, con una obra mucho más extensa que he querido condensar en la trilogía de la incomunicación, a la que seguirá la excelente, una de mis favoritas, *Desierto rojo*, ya en color, establece un cine de miradas donde los personajes abren la senda de su vacío, seres que no saben encontrar el diálogo adecuado para salvar las relaciones amorosas.

Con los rostros impagables de Mastroianni, Monica Vitti, Jeanne Moreau, Alain Delon, Gabrielle Ferzetti y luego Richard Harris en *Desierto rojo*, el director italiano nos regala un cine que, pese a la lentitud de sus imágenes, planea sobre el alma de los personajes, en un afán de desnudarlos, en sus silencios y en sus breves conversaciones, son seres que viven para mirar. Con el vacío de sus gestos sobre nosotros, nos plantean, sin duda, un interrogante, nos parecemos a ellos o no, la respuesta está solo en nosotros mismos. Hay que celebrar un cine que sabe ver el interior del ser humano, su grandeza y su miseria.

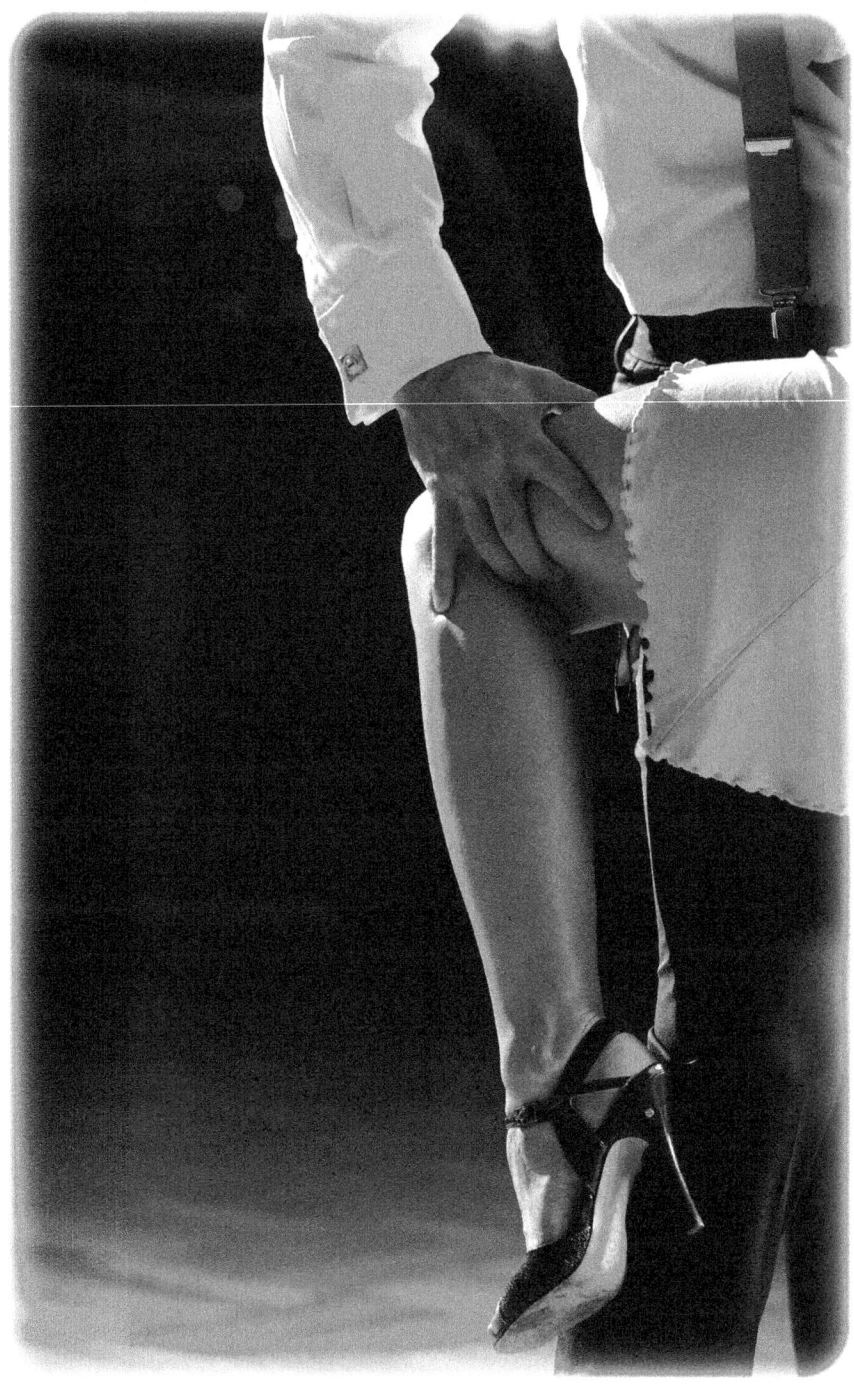

Bertolucci y el cine. Una radiografía de la soledad en *El último tango en París*

Bernardo Bertolucci ha vuelto a rodar y lo ha hecho con mirada esmerada, con esa sutileza que le hizo triunfar en los lejanos setenta, cuando nos deslumbró con dos películas fascinantes: *El último tango en París*, radiografía de la soledad, de la pérdida inevitable de valores, cuando un hombre de cuarenta y cinco años (Paul, Brando) se encuentra con su fracaso vital, con la devastadora soledad que solo mitiga sus encuentros con una desconocida (la impagable María Schneider), película que abre la senda de un cine de erotismo, donde el placer está trenzado con el dolor en cada plano; antes llegó *El conformista* (1970), película que realza la belleza incalculable de Dominique Sanda, el buen hacer de Jean Louis Trintignant, en una cinta de gran efectismo visual, basada en la novela de Alberto Moravia.

Llega *Tú y yo* y nos deslumbra el dolor en cada plano, la pasión puesta en esa historia enfermiza, de seres desolados y despojados de todo aliento vital, como ocurría en *La luna* (1979), donde Jill Clayburgh tiene que afrontar el amor de un hijo devastado por la soledad y la incomprensión de su entorno, película que hechiza, envuelta en la forma de vivir el psicologismo de seres amputados de lo social, anclados en el fracaso vital.

Pero también Bertolucci nos regaló una película épica, la inolvidable y desgarradora *Novecento* (1975), donde Burt Lancaster, retomando un personaje que es la antítesis del elegante aristócrata de *El gatopardo*, un hombre ya caduco, enfermo, de tendencias onanistas y pederastas, que busca la armonía final, frente al hombre que quiere cambiar el poder (Sterling Hayden, el hombre que fue señalado por la era McCarthy y su caza de brujas), sin olvidar al truculento Donald Sutherland, como Atilla, el fascista enfermo, o De Niro como Alfredo Berlinguieri y Depardieu como Olmo, dos hombres, amigos, enfrentados por su mundo social, con dos mujeres de belleza fascinante, Dominique Sanda y Stefania Sandrelli.

Película de fuerza imparable, algo irregular, pero impactante por las imágenes escabrosas como la de Sutherland y Laura Betti (en un ingrato personaje), asesinando a un niño.

Bertolucci ha realizado películas tan extrañas como *Soñadores* (2003), una cinta que ha sido olvidada, pero que contiene los temas clave de su cine (la mirada, la soledad, el erotismo), pero también películas tan aplaudidas como *El último emperador* (1987), porque el realizador italiano conoce bien los resortes del cine, el gusto por filmar con fascinación a personajes que se hallan en el abismo, pero también en el éxito, como ese pequeño gran rey que nos fascinó.

Vuelve Bertolucci y lo hace con su estilo de siempre, el que fue perfilando en *El último tango en París*, una forma de interioridad que realza el abismo entre los seres, hombres y mujeres alejados del mundo real, demasiado sensibles como para ser admitidos en el mundo de cada día.

Cuando dirigió a Brando, Bertolucci sabía el diamante que tenía entre las manos, la fuerza del actor para expresar el dolor, hijo del Actor's Studio y actor sobresaliente de varias generaciones, un verdadero maestro de la interpretación, pero también sabía la ductilidad de un Trintignant en *El conformista* o la fuerza arrolladora de De Niro, Depardieu y Sutherland en *Novecento* o la tristeza infinita de la excelente Jill Clayburgh en *La luna*.

Bertolucci no se ha ido, sigue estando en nuestra retina, con un cine para minorías, salvo éxitos como *El último tango en París* o *El último emperador*, pero de una hondura incomparable, deudor del mejor cine italiano, de Visconti, Rossellini o Fellini, un gran hacedor de obras maestras y un observador del mundo, con su dolor y su alegría.

La dolce vita: la obra maestra de Federico Fellini. Aquellos personajes solitarios en la antigua Roma

En la historia del cine, hemos tenido la oportunidad de presenciar muchas fiestas, porque en grandes películas, muchas de las que se han ambientado en el mundo del séptimo arte, han aparecido fiestas glamurosas, donde los protagonistas han dado rienda suelta a sus excesos, como en la película de James Ivory *Fiesta salvaje* (1975), la cual cuenta una de aquellas bacanales del Hollywood de los años veinte, con Raquel Welch y James Coco, entre otros actores. Pero no hay que olvidar otro tipo de fiesta, la que dio título a una película de 1957 y dirigida por Henry King, basada en la novela de Ernest Hemingway, *Fiesta*, rodada por un elenco de actores de primera: Ava Gardner, Errol Flynn, Mel Ferrer, Tyrone Power, rodada en Pamplona, lo que ya nos dice cuál era el argumento de la cinta. Tampoco quiero dejar de mencionar la fiesta en la playa de la inolvidable *Picnic* (1955) de Joshua Logan, con una pareja única: William Holden y la guapísima Kim Novak.

Pero, si hay una película donde la fiesta es un espacio de goce para los personajes, donde la vida transcurre en continua ociosidad es, sin duda alguna, *La dolce vita*, famosa película de Federico Fellini, rodada en 1960, en la maravillosa Roma, una ciudad que cobra relevancia porque combina a la perfección su espíritu clásico y el mundo moderno, como si la ciudad eterna viviese la vorágine del cine, de ese arte que ya no tiene rival, pese a la mirada atenta de las estatuas, envidiosas de la belleza sin igual de Anita Ekberg.

La película consta de varios episodios, no muy relacionados entre sí, pero donde cobran relevancia los *paparazzi* que persiguen a las estrellas de cine. Fellini ya pone sobre la mesa un tema que cobrará luego un aspecto opresivo, el de la persecución del famoso, la búsqueda y captura de la foto clandestina, aquella que pueda venderse a cualquier precio.

El actor fetiche de Fellini, Marcello Mastroianni, se convierte aquí en el *alter ego* del director, el personaje que interviene como médium para relacionar las historias, un hombre despegado de todo, que pasea su apostura y su galanura por la pantalla, como si fuese una estatua romana que cobrara vida, un ser que vive su realidad como una máscara en el festival de imágenes que la película nos proporciona. Marcello (el mismo nombre tiene el personaje en la película) está en la cama con Emma cuando recibe la llamada de alguien que le hace ponerse en marcha, va a un lugar y allí vemos el cuerpo sin vida de un hombre, Steiner (interpretado por Alain Cuny), también yacen los cuerpos de los niños; al llegar la esposa del fallecido, los fotógrafos la acosan, en un espectáculo que ya nos adentra en la violación de la intimidad y que tanto sentido grotesco ha cobrado en nuestros días.

La importancia de las fiestas se hace fundamental en la película porque reflejan el mundo del ocio de esos seres decadentes que ya no representan más que el vacío existencial de una clase alta, sin esperanzas y sin futuro. La película nos remonta a la fiesta en casa de Steiner, donde vemos a Marcello y Emma, su novia, como seres que envidian la opulencia de esa vida, pero que intuyen que solo esconde el vacío existencial que cité antes. La prueba está en la conversación de Steiner con Marcello, donde aquel le confiesa a este último su decepción ante la vida, harto de la vida aburrida y opulenta en la que vive, donde todo está previsto. La fiesta es un claro retrato de un mundo mecanizado, seres que han hecho de la rutina del ocio un *modus vivendi*, aparecen ruidos, escenas rápidas que enfocan a los rostros de los invitados, música estruendosa.

La segunda fiesta que da sentido a la película es la que celebra Sylvia (Anita Ekberg), donde podemos ver el triunfo de la diosa, de la mujer que todo lo puede, se celebra en un entorno cavernoso, poco iluminado. Marcello aparece también, como médium, el Caronte que lleva en su mirada la barca en este descenso a los infiernos (clara metáfora de la sociedad opulenta y vacía) de la ciudad de Roma y de sus habitantes privilegiados, distantes de la miseria de muchos barrios de la ciudad. Marcello quiere a Sylvia, se lo dice, le ofrece su entrega de amante, la considera todo, madre, amante, amiga, mientras ella ríe con el vacío en la mirada, porque solo es una estatua de sal, una figura exenta de vida, un cuerpo, hermoso, entregado al ocio para siempre. Al final, vemos la voz de Adriano Celentano y vemos a Frankie, otro de los invitados, bailando con Sylvia, porque el baile exorciza los demonios del vacío y del aburrimiento en el que viven.

La tercera fiesta nos introduce en un ambiente aristocrático donde Marcello es invitado, de nuevo, por Nicole, una mujer *snob* e insufrible, que volverá a aparecer en su celebrada *Otto e mezzo*. Marcello vive esta fiesta como un descenso al mundo gótico, a los cuentos de Allan Poe, ya que en la casa vemos retratos de mujeres de otro tiempo, todas iguales, bellas pero vacías. Maddalena (Anouk Aimée) introduce al galán en esas salas para contemplar un mundo en decadencia, que nos recuerda (como un guiño de Fellini) las películas viscontinianas.

La cuarta fiesta nos presenta el ambiente opresivo de un mundo de ocio y desenfreno. Varios hombres conducen un coche y entran en la villa con el mismo, abriendo las puertas a la vez que el coche sigue marcando su velocidad, en una clara analogía a la violación, como si la presencia de aquellos tipos fuese la conciencia del vacío y de la nada en un ambiente que no debe ser profanado. Es, sin duda alguna, la fiesta más felliniana, porque expresa el esperpento de una sociedad en descomposición: hay travestis, prostitutas, actores. Es la fiesta de una divorciada que se desnuda, mientras los personajes, ya borrachos, van increpando para que siga el espectáculo.

Marcello se ríe de una joven provinciana, a la que obliga a ponerse a cuatro patas, la cabalga y la hace cacarear, en una demostración del exceso de estos personajes vacíos en su interior. La escena final de esta cuarta fiesta nos obliga a contemplar los hombres y mujeres que salen como muertos vivientes, como si nunca hubiesen existido, mientras Marcello (el barquero de esta historia esperpéntica) va arrojando plumas de un almohadón, a modo de confeti, como si lo hermoso de un enlace nupcial quedara en ese aroma a alcohol y a desprecio por la vida, a esa sensación de hallarse en un sendero fantasmagórico, muy bien rodado por Fellini, donde la presencia del nuevo día es la constatación de un mundo que se repite para siempre, que nunca va a cambiar.

La dolce vita (1960). Película de Federico Fellini
con Marcelo Mastroianni y Anita Ekberg.
© mptvimages.com/ Cordon Press.

Las mujeres en la película tienen una función catártica, porque todas ellas descubren sus máscaras. Maddalena (una mujer aristocrática y vacía) es la mujer que introduce al hombre sin rostro (Marcello) en otro tiempo. Sylvia es la mujer frívola, que se pasea como una diosa al salir de la Fontana de Trevi, en la famosa escena que todos recordamos. Emma, su novia, es la vida, la única luz que se puede ver de algo humano, porque respira y siente al lado de la efigie de su galán.

Tampoco los espacios tienen vida. La casa de Marcello y Emma es un piso vacío, moderno, con muebles, pero sin un toque de personalidad; tampoco los lugares donde han transcurrido las fiestas denotan un latido de humanidad, son simplemente espacios, lugares donde burlar a la existencia inútil de sus personajes.

Al final, después de una discusión en el coche, Marcello vuelve con Emma, porque necesita su cuerpo y su voz para ser persona, solo ella irradia luz en el vacío inmenso de esta película felliniana.

La dolce vita es la vida que se nos escapa, la fiesta continua, en un mundo donde nada hace presagiar un futuro o un pasado, un escenario donde, como ocurre en los ambientes de otras de sus películas (*Roma, El satyricon, Casanova*), los seres humanos ya no existen, solo son figuras grotescas que simulan un hálito de humanidad que Fellini, con su maestría, logra desentrañar. *La dolce vita* queda en nuestra retina por radiografiar un mundo que hoy, lamentablemente, está tan de moda, en el triste espectáculo de nuestra cada vez más degradada televisión. Todo un precursor el gran Fellini.

Pier Paolo Pasolini: la importancia del lenguaje cinematográfico y la soledad de su universo interior

Pocos directores han dejado una senda de luz en la historia del cine como Pier Paolo Pasolini, un hombre vinculado ideológicamente con el comunismo que fue dejando en sus películas una forma de mirar el cine, haciendo de las imágenes una hermenéutica, un lenguaje cuyo mayor mérito es la traducción a otros sentidos artísticos, la pintura, la escultura, la fotografía, todos son recipientes donde el director italiano va posando su luz, su capacidad para el asombro ante la vida, una filosofía vital que anida en su forma de ver el cine.

El cine, para Pasolini, es una verificación (en palabras de Silvestra Mariniello en su estupendo estudio del director editado en la colección «Cátedra. Signo e Imagen») de vivir su propio amor por la realidad. El cine, como dice Mariniello: «Le permite estar dentro de la realidad sin salir nunca de ella, sin tomar distancia para hablar sobre ella: le permite expresar la realidad por medio de la realidad y pone de manifiesto los aspectos ocultos de esta, su dimensión no natural, "sagrada"» (p. 44, Cátedra, 1999).

Pero Pasolini es mucho más que un director, es un filósofo del cine, un hombre que, al igual que Truffaut o Rohmer, va hilvanando sus pensamientos sobre el cine, creando una teoría cada vez más sólida para fundamentar el séptimo arte. La teoría se centra en dos planos sobre los que trabaja en sus películas: el cinematográfico y el lingüístico literario. Para el director, el cine es lengua escrita de la realidad, las imágenes son lenguaje, que nos impacta, como si leyéramos un libro donde no podemos dejar de pasar las páginas, imbuidos del misterio que esconden, el cine se convierte en una hermenéutica, es decir, una traducción fidedigna de los misterios de la vida. Por ello, el cine del director tiene que ver mucho con la poesía, porque en ella nos hallamos ante la importancia de la palabra, su significación más profunda, el eco que nos deja para siempre. Las imágenes de Pasolini navegan en las mismas aguas, hondas y llenas de referentes vitales.

EL CINE DE PASOLINI. SUS PRIMERAS PELÍCULAS

El director comienza su labor como director cinematográfico en 1961 y la continúa hasta 1975, el año en que muere asesinado, cuando frecuentaba a los jóvenes prostitutos en una zona poco recomendable de Roma, su muerte por uno de ellos ha pasado a la historia del cine.

Decide el director italiano dejar a un lado el cine que se hacía en los cincuenta en Italia de la mano de Vittorio de Sica o de Rossellini, donde se habla de neorrealismo, es decir, una visión de la vida desde el costumbrismo, las historias cotidianas, la realidad sin metáforas ni misterio alguno. Con la llegada de los años sesenta, el director quiere romper con esa tendencia, dejar en sus películas su poesía, buscar en las imágenes una traducción del mundo, pensar el cine como si el espectador estuviese obligado a buscar las verdades detrás de las apariencias.

La importancia del lenguaje y del mito en la obra de Pasolini nos conduce a la reflexión filosófica de los románticos alemanes sobre el mito, en particular a las ideas de Heidegger y Nietzsche.

Accattone (1961) es una tragedia proletaria, una película que nos muestra a un joven del subproletariado romano mantenido por Madalena, una prostituta que ha denunciado a su antiguo protector. Madalena es detenida y Accatone empieza a pasar hambre, vuelve con su mujer y encuentra a Stella, la cual trabaja lavando botellas.

Con este argumento, donde Accatone va paseando su rudeza y su mundo de pobreza, Pasolini ya centra la idea de la película y de su cine posterior: la radiografía de un personaje que no existe en la historia, un ser olvidado, que va cimentando su paso por el mundo en la mirada del que lo crea, solo para él puede existir Accatone.

La única forma de existir es inmortalizando al personaje y su batalla existencial en imágenes. Al igual que la fotografía, el cine pervive, se inmortaliza cada vez que alguien lo ve; por ello, como otra forma de arte, la vida de Accatone ya tiene sentido, por estar filmada por el autor.

En su siguiente película, *Mamma Roma* (1962), Pasolini filma la materialidad. Ahora lo importante son las cosas que nos pertenecen y a las que debemos aferrarnos para existir; en este caso, evidencian una sociedad ideologizada desde la izquierda, desde la reivindicación política, siempre presente en su cine. La materialidad de la película se ve en las caras, el fango, el sol, el paisaje. Mamma Roma es la mujer que representa a todo un universo, el de las mujeres pasolinianas, la Italia que sufre, que se lamenta de su existencia, la Italia perdedora de la Segunda Guerra Mundial, la Italia de Curzio Malaparte y su famosa novela *La piel*, donde podemos ver la presencia de la posguerra en Italia a través de la crítica antiamericana, donde estos son seres miserables que acaban la guerra, pero siembran el país de violaciones y abusos de poder como vencedores prepotentes que son.

El personaje de Anna Magnani lo inunda todo, ella es Italia, el proceso de tiempo que ha vinculado el presente y el pasado, en una atroz modernización que acabará con el hombre tarde o temprano. Pasolini denuncia un mundo sin escrúpulos. Mamma Roma está sola, como Accatone, son seres que no son vistos, pese a que sufren indescriptiblemente.

La diferencia radica en que Mamma Roma vive la falta de comunidad, el mundo que se está transformando, el querer tener más o parecer ser más, hay una tangible sensación de superación que nunca existe en Accatone, un hombre rudo e infeliz, que no conoce nunca el mundo burgués.

Mamma Roma ya no es una prostituta, ha rehecho su vida. Se lleva a Ettore, su hijo, y va a vivir a una casa en un barrio decente. La presencia del antiguo chulo de ella, Carmine, llevará a la ruina a la familia y Ettore descubrirá el pasado de su madre, abocado ya al mundo de la delincuencia, como rechazo por las mentiras de Mamma Roma. La muerte del chico significa la tragedia, presente en las vidas de los seres que no son visibles, anodinos, envueltos en un sino trágico que Pasolini entiende dentro de su visión mítica de la historia.

LA VISIÓN RELIGIOSA DE PASOLINI EN *EL EVANGELIO SEGÚN SAN MATEO*

El evangelio según San Mateo (1964) es la mejor mirada al Nuevo Testamento desde un planteamiento novedoso. No se trata de hacer una película más sobre la vida de Cristo, sino hacer una reflexión muy honda sobre el camino que sigue la religión en los años sesenta, cuando todo se ha derrumbado, cuando la Guerra Fría está en su apogeo tras la crisis de los mísiles, cuando el pueblo francés se manifiesta en el famoso mayo del 68, cuando el mundo va perdiendo valores importantes.

Por ello, hay mucho silencio en la película. Solo así podemos entender la crisis del mundo moderno, esa traslación a la época de Cristo, porque Pasolini no hace una película religiosa o histórica, sino una meditación sobre el mundo moderno desde la iconografía de la Antigüedad.

¿Necesitamos a Cristo?, nos pregunta Pasolini. Y su mirada se centra en un mundo de silencios, de parajes pobres y de hombres que parecen mirar al vacío, hechos del barro y de la nada, no están muy lejos, cree Pasolini, de nuestros hombres actuales, cosificados por el mundo de la economía globalizadora, que ya, en los sesenta, empezaba a asolar el mundo.

Como dice muy bien Silvestra Mariniello en su estudio de Pasolini, «Cristo no es el héroe, no es el protagonista, no es el origen que las instituciones han querido construir, sino más bien el médium de un discurso que inscribe el presente en el pasado» (p. 226, Cátedra, 1999).

Pasolini denuncia el mundo moderno a través de un hecho bíblico: la famosa disertación de Jesús contra los letrados y fariseos, denuncia de los hombres que ya han vendido su moral, tan cerca de nuestro tiempo, cree el director italiano. Nunca la cámara, en la secuencia en que Jesús hace la disertación, la cámara se acerca a él, porque solo es un médium, sino que la mirada de Pasolini se centra en otros rostros, en el campo, en la ciudad que se ve de lejos. Hay una gran longitud de campo en esta secuencia, porque en ella Pasolini critica todo lo que le rodea, como si fuese el *alter ego* de Jesús, hombre crucificado en un mundo que no le entiende.

Además, Pasolini, en su afán universal, contrata a actores de color para completar esa visión insólita del Nuevo Testamento, donde se une la cultura negra con la blanca, oriente con occidente. Y para ello introduce, en este *collage* inmenso que pretende ser la película, la música de Bach con los cantos espirituales negros, con la música cantada congoleña, etc.

En definitiva, el director no entiende la película como un tiempo histórico cerrado, sino como un espacio que se abre a muchos otros y que es parte también de nuestro tiempo, el cual es objeto de crítica por la deshumanización que el mundo nos va dejando.

Hago un salto, para no extenderme en todas sus películas, lo cual llevaría a un estudio de mucha hondura, para comentar la visión que tiene Pasolini de dos tragedias griegas, *Edipo* y *Medea*.

En *Edipo, el hijo de la fortuna* (1967), Pasolini se centra en la idea del amor hacia la madre, ya presente en *Mamma Roma* y el odio al padre. Basada en la tragedia de Sófocles, la película impacta con sus imágenes oníricas, con su visión desgarrada de un mundo (el nuestro que converge con el de la antigüedad griega) que se descompone, que ya ha pervertido todos sus horizontes.

De nuevo, Edipo (Franco Citti, un actor habitual de Pasolini, realmente impresionante) es el médium, como Jesús, que establece la conexión entre el marxismo pasoliniano y el psicoanálisis de Freud. La política y la ciencia entran en contacto en esta película desgarradora.

También *Medea* (1969) nos ofrece una visión de la sociedad, en este caso, desde el plano de la homosexualidad de Medea (donde Pasolini exorciza su propio complejo homosexual que le llevó a las citas clandestinas y a frecuentar la prostitución de chicos jóvenes, lo que le condujo a su dramático final). Aunque Medea es el conflicto entre el hijo y la madre, Pasolini plasma el deseo en todos los cuerpos que aparecen semidesnudos en la película. Por poner un ejemplo, el juego de miradas entre Jasón (hijo de Medea) y Apasirto es más intenso que el que se procesan la madre con el hijo en todos los momentos de la película.

Hay, sin duda alguna, una aproximación mayor por los cuerpos masculinos que por los femeninos, lo que va en consonancia a la homosexualidad del director, muy lejos de otras películas italianas, de Fellini o Ferreri, por ejemplo, donde la mujer es siempre el objeto de deseo y las escenas eróticas siempre se centran en ellas.

SALÓ O LOS CIENTOS VEINTE DÍAS DE SODOMA: UNA METÁFORA DEL PODER

La película generó una gran polémica, porque utilizaba el sexo explícito, en escenas muy duras de abuso de poder, de sadomasoquismo, incluso. La historia se centra en la novela de Sade, donde un grupo de personas son secuestradas en una villa, donde los carceleros pueden abusar de sus víctimas en todo momento, lo que suscita a nuestra mente una clara analogía con los sistemas de represión actuales, tan duros como el que se ha llevado a cabo en Guantánamo. Esta película la dirigió en 1975.

La historia sigue el curso de una trayectoria por el infierno; siguiendo a Dante, hay un anteinfierno y tres círculos: el de las manías, el de la mierda y el de la sangre. En cada uno de ellos se revela un mundo de aberraciones tales como el caminar como perros desnudos mientras los señores de la villa les lanzan sobras de comida, en el primer círculo. En el segundo, las víctimas son obligadas a comer sus propios excrementos; en el tercero, tras obligar a las víctimas a delatarse entre ellas a través de varias torturas, someten a los supervivientes a continuas vejaciones sexuales y a orgías de diferente tipo.

Película que causó honda polémica y que aparta a Pasolini del cine poético anterior, para centrarse en lo escatológico. El 9 de noviembre de 1975, la censura prohibió la película por obscena, aunque al final se proyectó en Milán durante tres días el 10 de enero de 1976. Se inició luego un largo proceso contra el productor Grimaldi por financiar la película.

Pasolini defendió la película porque refleja la barbarie del mundo, conformado con el abuso de poder y la impunidad de los poderosos sobre los débiles, de los países ricos sobre los pobres. Como denuncia, la película sigue resultando un documento válido, aunque no apto para todos los gustos, como podemos suponer.

PASOLINI Y LA LITERATURA. SUS ÚLTIMAS PELÍCULAS

Concluye la mirada al cine de Pasolini con películas emblemáticas como *Teorema* (1968), donde Terence Stamp y Silvana Mangano hilvanan una historia poética donde los seres se miran, se contemplan, inician la aventura de los gestos, para dejarnos una enigmática película que merece ser destacada porque se aleja del sexo explícito y se acerca de nuevo al poema como medio artístico de transmisión de conocimiento.

Pero sus últimas películas son la llamada «la Trilogía»: *Decamerón* (1971), siguiendo a Bocaccio, *Los cuentos de Canterbury* (1972), siguiendo a Chaucer, y *Las mil y una noches* (1973), famosos cuentos orientales, donde Pasolini deja caer las riendas de su fantasía, para hacer dos películas de gran interés por las metáforas que llevan dentro de sí.

Lo importante de las tres películas es la fisicidad como deseo de denuncia de una sociedad marcada por la televisión y la irrealidad, lo relevante es el deseo de transmitirnos aquello que está unido al hombre, los cuerpos, los gestos, el erotismo, las miradas, todo aquello que no tiene que ver con la industria y el consumo. Pasolini quiere restituir el lenguaje de los cuerpos en una sociedad aséptica que ha perdido la capacidad de ver la intimidad, de tener el contacto con los demás, en una sociedad que se deshumaniza cada día más.

PASOLINI: UN POETA DE NUESTRO TIEMPO

Concluyo con la afirmación que he sostenido en este estudio: Pasolini filma como si acariciase los cuerpos, como si las miradas de los seres que contemplan fuesen edénicas, como si, por primera vez, el lenguaje fuese revelado.

Por ello, su Jesucristo es un médium que nos habla de la denuncia a nuestro tiempo; por ello, Accatone es un hombre primitivo, porque no conoce el poder (bueno y malo) de la cultura; por ello, Edipo y Medea son seres que se centran en lo físico, porque no viven la ambición y el poder de los personajes shakespearianos. Y, naturalmente, la denuncia aguerrida y abrupta a un mundo terrible que lo convierte en un precursor, como en la dura *Saló o los ciento veinte días de Sodoma*, donde el abuso del poder y la tortura ya nos hablan de una sociedad enferma, tan parecida a la actual.

Pasolini no nos deja indiferentes, porque fue también poeta y novelista, todo vivido intensamente, en la línea de Fassbinder, hombres complejos que amaron la vida sin límite y que sufrieron, por ello, la alegría y el dolor más grande, hombres trágicos, al fin y al cabo.

Filmografía esencial

Accatone (1961), *Mamma Roma* (1962), *La Ricotta* (1963), *La Rabbia* (1963), *El evangelio según San Mateo* (1964), *Pajaritos y pajarracos* (1965), *Edipo Re* (1967), *Teorema* (1968), *Porcile* (1968-69), *Medea* (1969), *El Decamerón* (1971), *Los cuentos de Canterbury* (1972), *Las mil y una noches* (1973), *Saló o los ciento veinte días de Sodoma* (1975).

Parte

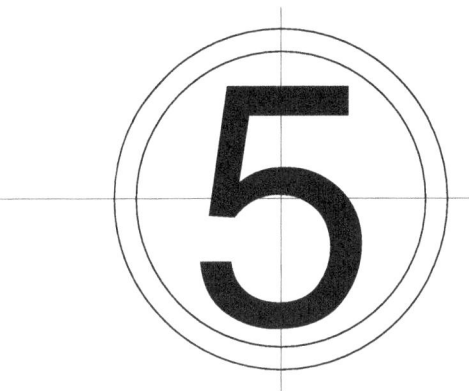

EL CINE A TRAVÉS DE UN GENIO

La soledad de un maestro del cine

LOS INICIOS DE UN GENIO

Hablar de Orson Welles es, sin duda, una aventura apasionante. Su cine está lleno de símbolos, de imágenes deslumbrantes, de juegos de luces y sombras.

Welles fue un niño prodigio, hijo de Richard Head Welles, tesorero y secretario general de la firma familiar Badger Brass, inventor y hombre aventurero, y de Beatrice Ives Welles, hija de unos acomodados comerciantes de carbón. Fue la primera mujer en alcanzar en 1914, primero una plaza y después la presidencia de la Comisión de Educación del Ayuntamiento de Kenosha, además de ser una notable pianista.

Welles sufrió la pérdida de sus padres a temprana edad: su madre, cuando él contaba ocho años, y su padre, cuando el joven Orson contaba quince.

¿Por qué fue un niño prodigio? Sin duda, porque Welles se educó junto a una madre que le llevó por la senda de la cultura, por el camino de la música y del arte. Se cuenta que, a los cinco años, tras un concierto de Stravinsky en Nueva York, hasta donde le llevó su tutor, el doctor Maurice Bernstein, el niño Welles disertó con inteligencia delante de un grupo de gente sobre la música escuchada. Entre el citado grupo, estaba Agnes Moorehead, la que sería luego una de las actrices de *Ciudadano Kane* y de *El cuarto mandamiento*, mucho tiempo después.

Dice Javier Marías en el número especial que dedicó al gran director la revista *Nickel Odeon* en otoño de 1999 lo siguiente: «Welles mereció haber nacido en el siglo XVIII, cuando todavía se trataba a los niños como adultos, y sus diversas cortas edades se veían tan solo como fases transitorias que convenía abreviar al máximo y aprovechar para el adiestramiento; como un largo periodo de limitaciones fastidiosas por el que no quedaba más remedio que pasar» (*Nickel Odeon*, otoño de 1999, p. 169).

Acierta el novelista español, ya que Welles era un niño especial que muy poco tenía que ver con otros infantes, nacido ya para la creación desde la más tierna edad. Welles, por todo ello, se va a convertir en un joven muy inteligente, tanto es así que a los diez años ingresó en la Todd School, un colegio especializado en chicos superdotados. Lo era, sin duda alguna, aunque también era irreverente y le gustaba gastar bromas pesadas a alumnos y a profesores.

En una ocasión, dado su gusto por maquillarse (ya era un incipiente aprendiz del mundo del teatro), fingió que se había ahorcado, tras untar su rostro de blancura para reflejar la palidez necesaria del presunto suicida, y el profesor de Historia casi sufrió un infarto. Welles, ufano, respondió a la pregunta de por qué semejante broma: «Me pareció una buena idea. Estaba ya aburrido de Historia, en cualquier caso» (extraído del artículo de Javier Marías aparecido en *Nickel Odeon*, en octubre de 1999, p. 172).

Como podemos ver, Welles ya usaba la astucia y el ingenio y tenía, al parecer, muy claro lo que le interesaba y lo que no.

Ya en la Todd School, Welles participará en numerosos espectáculos (la escuela era famosa por sus comedias musicales). En ese periodo (1926-1930) el joven participa en *Finesse the Queen* (1926), *The Physician in spite of himself* (1928), una versión abreviada de *Julius Caesar* en la que Welles interpretó a Casio y a Marco Antonio (1929), y *Androcles and the lion* (1930) de George Bernard Shaw.

El director de la Todd School, Richard Welles, tuvo mucho que ver con el interés de Welles por el teatro, ya que aquel era famoso por sus brillantes adaptaciones de Shakespeare. Reducía la duración de las obras capitales del gran escritor inglés. Bajo su experta mano, Welles desarrolló una gran capacidad para adaptar a Shakespeare. En 1929, a la edad de catorce años, era capaz de condensar *Enrique IV* y *Ricardo III* en una sola obra de una hora de duración que se titulaba *The Winter of Our Discontent*. Diez años más tarde, revisó y amplió enormemente esta obra para el Mercury Theatre con el título de *Five kings*, una gran producción del teatro americano de la época.

Se marchó a Irlanda a los dieciséis años, en 1931, y consigue su primer contrato profesional como actor en Dublín, en septiembre de ese año. Entre octubre de 1931 y febrero de 1932, Welles participa como actor en los siguientes montajes del Gate Theatre: *The Death Ride fast*, *The Archdupe*, *Death takes a Holiday* y *Hamlet* (donde interpretó al Espectro y a Fortinbrás).

Inicia, desde entonces, un recorrido por el mundo del teatro, tanto en Irlanda (durante seis meses) como a su vuelta a Estados Unidos. Pero lo más importante de este periodo será su encuentro con John Houseman (un judío-alsaciano-anglo-rumano de treinta y tres años). Será este hombre de teatro quien, convencido de la enorme capacidad de Welles para el mundo de la escena, le encargue la puesta en escena de un *Macbeth* que fue protagonizado por actores de color y ambientado en Haití. Estrenada en el Lafayette Theatre de Harlem el 14 de abril de 1936, la obra tuvo un gran éxito.

Tras ello, Houseman y Welles se embarcan en la creación del Project 981 del FTP, especializado en la puesta en escena de autores clásicos. Una de las primeras obras fue *The Tragical History of Doctor Faustus*, de Christopher Marlowe, estrenada el 8 de enero de 1937. Pero los problemas llegaron con la producción musical de Marc Blitzstein *The Craddle Will Rock*, obra de tintes izquierdistas, inspirada en las piezas de Bertolt Brecht y Kurt Weill. Debido a la posición ideológica del musical y a los problemas presupuestarios de la FTP, la obra no recibió la autorización para su estreno en la fecha prevista, el 16 de junio de 1937. Ese día, Welles, sus músicos, sus actores y el público se dirigieron a una manifestación hasta el Venice Theatre en la calle 59, donde se llevó a cabo una improvisada y esquemática representación de la obra.

Welles empezó su trabajo como hombre de radio y, a la vez, montó con Houseman el afamado Mercury Theatre, donde se llevó a cabo una gran labor teatral por parte de ambos artistas.

Entre las obras que se llevaron a escena, se encuentra *Five Kings*, un ambicioso espectáculo diseñado por Welles a partir de la refundición de *Ricardo III*, *Enrique IV* (1.ª y 2.ª parte) y *Enrique V*. Se trató del primer esbozo de lo que en 1965 sería la película *Campanadas a medianoche (Chimes at Midnight)*. Se estrenó el 27 de febrero de 1939 en el Colonial Theatre de Boston.

La otra gran aventura de Houseman y Welles fue el llevar el Mercury Theatre a la radio, dando origen al Mercury Theatre on the Air (MTA), que comenzó sus emisiones semanales el 14 de julio de 1938, reemplazando al Lux Radio Theatre de Cecil B. de Mille.

Orson Welles era productor y director; Houseman era editor y productor asociado. La música la proporcionaba, al frente de una orquesta de treinta músicos, Bernard Herrmann y, entre el equipo de guionistas, estaba Howard Koch y Howard Teichmann.

El acontecimiento más impactante fue la emisión radiofónica el 30 de octubre de 1938 de una adaptación de la novela de H. G. Wells *La guerra de los mundos*, lo que desató, por su verosimilitud, una gran angustia por parte de la audiencia, que creyó real lo que era mera ficción, sobre una invasión marciana a los Estados Unidos. El éxito de Welles fue ya total.

Termino aquí el recorrido por los primeros años de su biografía, ya que no pretendo extenderme sobre ella, pero sí me parecía necesario hablar de los orígenes del genial director. Mi objetivo es situar a Orson Welles (para adentrarme en los aspectos teóricos de su cine: los planos, el montaje, etc.) en su verdadera pasión: el teatro.

Es importante aclarar este aspecto, porque el director dijo en sucesivas entrevistas que el cine solo le interesaba cuando lo estaba rodando, expresó también su desinterés por los jóvenes realizadores norteamericanos, insistió en la importancia del montaje como momento clave de la creación del director al realizar la película e incidió en que el teatro es, junto con la literatura, la música y la pintura, arte superior al cine.

WELLES: ASPECTOS TEÓRICOS DE SU CINE. INTRODUCCIÓN

Después de ese magnífico inicio en el mundo del teatro y en la radio, Welles empezará a dirigir cine. El compromiso de Welles con la R.K.O., firmado el 22 de julio de 1939, de escribir, realizar, interpretar y producir dos películas al año lo llevó a trasladarse a Hollywood.

Como nos cuenta Santos Zunzunegui en el número dedicado al director en la colección «Cátedra. Signo e Imagen», el contrato con la R.K.O. era muy estricto. Dice Zunzunegui: «Con todo, conviene precisar que la R.K.O. se reservaba el derecho de rehusar las historias que Orson Welles le presentara; que en las seis ideas que Welles podía proponer para que se realizara una película de la "Clase A" debían excluirse las que fueran "controvertidas o políticas", y que, si ninguna de aquellas fuese considerada viable, la productora podría proponer seis nuevas ideas alternativas» (Cátedra, 2005, p. 46).

Si el primer proyecto, fallido, fue *El corazón de las tinieblas* de Joseph Conrad, que no se llevó a cabo por dificultades financieras, tampoco se pudo realizar *The Smiler with a Knife*, un drama policíaco-romántico, concebido a partir de la novela de Nicholas Blake (seudónimo de C. Day Lewis).

Hubo que esperar al 16 de julio de 1940 cuando Welles, tras diversas revisiones de un primer borrador escrito por John Houseman y Herman Mankiewicz, aceptó el que sería el guion de *Ciudadano Kane*, basada en la vida del magnate de la prensa William Randolph Hearst. Tras un periodo no muy largo de rodaje (del 29 de julio al 23 de octubre), pero sí de montaje, por parte de Welles, la película se estrenó (pese a las presiones de W. Randolph Hearst para impedirlo) el 1 de mayo de 1941.

La película fue nominada en nueve categorías para los premios de la Academia, solo recibió un premio, el de mejor guion original, precisamente en la categoría en la que Welles debió compartir el éxito con Herman Mankiewicz.

Comenzó, de este modo, la leyenda de Orson Welles al Olimpo del cine. No hay que olvidar que uno de los grandes méritos del realizador fue el uso de la técnica, imprimiendo novedad a una forma clásica de hacer cine. Welles tiene el mérito de crear un cine fascinante, donde destaca la importancia del plano (corto, plano-secuencia) o del montaje (el verdadero momento donde se realiza la creación), sin olvidar la luz (asombrosa en muchas películas, resaltando los contrastes de luces y sombras), la banda sonora (como buen hombre de radio y amante de la música, Welles era muy exigente con la música de sus películas), etc. En definitiva, el cine es todo eso y mucho más, un espectáculo total para un creador de difícil comparación.

LA IMPORTANCIA DEL PLANO EN LA OBRA CINEMATOGRÁFICA DE ORSON WELLES

Para Welles, los aspectos técnicos del cine (plano, montaje, iluminación, ángulos, etc.) fueron fundamentales. No en vano, sus películas están repletas de imágenes muy bien construidas, de juegos de luces y sombras, de contrapicados, que consiguen crear una atmósfera opresiva en muchos de sus filmes.

Para el genial director, la película se convierte en obra de arte cuando el director tiene el control sobre el montaje y esto le ocurrió (a él y a otros muchos realizadores) en contadas ocasiones. Por ello, Welles siempre se quejó de esa falta de independencia de los grandes estudios, cuyos magnates y toda la cohorte que les acompañaba manipulaban las grandes películas en la sala de montaje.

El cine de Welles está construido mediante planos inolvidables. Merece la pena recordar lo que nos decía André Bazin sobre el plano-secuencia en la obra de Welles: «Es verosímil, por ejemplo, pensar que Welles, hombre de teatro, construyera su puesta en escena a partir del actor. Se puede imaginar que la intuición del plano-secuencia, de esta nueva unidad de la semántica y la sintaxis de la pantalla, nace de la visión de un director habituado a relacionar actor y decorado y para el que la planificación tradicional no supone ya una facilidad de lenguaje, sino una pérdida de eficacia, una mutilación de las virtualidades espectaculares de la imagen» (André Bazin, Paidós, 2002, pp. 105-106).

Todo lo que dice Bazin muy acertadamente fue una obsesión de Welles, ya que este quería llegar a mostrar la máxima extensión del dramatismo en los planos largos. Por ello, la escena de la cocina entre Fanny, George y, más tarde, Jack en *El cuarto mandamiento*, dura casi una bobina completa. En la escena, George devora las tartas de crema preparadas por su tía, mientras la cámara permanece inmóvil. Lo que en una película hecha al estilo clásico se hubiera montado en varios planos (sigo a Bazin en este razonamiento) se hace en la película de Welles en un plano-secuencia. La tía Fanny quiere saber si George y la madre han viajado con Eugene (el amor secreto de ella). Al final, Fanny estalla en un diálogo absurdo que refleja su sufrimiento. Con el plano-secuencia, Welles hace partícipe al espectador de todo el cuadro, como si se tratase de una escena en una obra de teatro, para que el público vea el dolor de Fanny con mayor intensidad, al contemplar el absurdo de la situación (el niño comiéndose las tartas, mientras Fanny pretende averiguar algo sobre su amor secreto).

Hay, sin embargo, películas del gran director, donde ocurre lo contrario. Me refiero a la utilización de planos cortos para el principio de una película. Tal fue el caso de *Ciudadano Kane*. La primera secuencia se compone de veintiún planos. Los tres primeros, en los que la cámara describe un movimiento ascensional, muestran las verjas donde pone «*No Trespassing*». En los siete planos siguientes nos aproxima al castillo de Xanadu, donde solo vemos encendida una luz en la estancia. El plano número once nos acerca al exterior, muy próximo de una ventana iluminada. Hay un momento de oscuridad, al acabar el plano, y ya en el número doce vemos luz dentro del edificio. En el plano trece la nieve inunda el encuadre. Se produce un zoom donde podemos ver, ya en el plano catorce, una bola de cristal en la que se halla la nieve sostenida por una mano en un lecho. En el quince hay un primerísimo plano de una boca masculina que pronuncia una extraña palabra: «Rosebud». En el plano dieciséis, la mano que sostiene la bola deja que esta caiga al suelo. En el plano diecisiete, se puede ver la rotura de la bola.

Como vemos, tantos planos seguidos pretenden decir mucho, sin la presencia del diálogo. La película nos atrapa así, envuelve al espectador en un cúmulo de imágenes enigmáticas que nos fascinan y pretenden, sin duda alguna, que la historia nos desvele tal cantidad de enigmas. Con un principio semejante (Welles creía firmemente que un principio impactante y original era fundamental para contar una buena historia), la película inicia un camino apasionante que producirá, sin duda alguna, el creciente interés del espectador.

Como podemos deducir, hay dos tipos de técnicas en su cine, el plano-secuencia en *El cuarto mandamiento*, donde la cámara apenas se mueve, y la gran cantidad de planos cortos del comienzo de *Ciudadano Kane*, donde la historia se abre como un fascinante caleidoscopio.

La diferencia entre *Ciudadano Kane* y *El cuarto mandamiento*, en lo que respecta al poder de la imagen sobre la palabra, está muy bien vista por Santos Zunzunegui en su trabajo sobre Welles: «En el comienzo de Kane se dirige a subrayar, como ya he señalado antes, el imperio de la imagen —esa serie de planos encadenados que nos transportan hasta el umbral del secreto; la rarificación de la palabra, reducida a una expresión mínima pero esencial— y a mostrar cómo un hombre de teatro y radio podía "hacerse oír" a través de la manipulación de lo visible» (Cátedra, 2005, p. 120).

Cierto, porque el comienzo desvela el poder de la imagen, su alta capacidad de seducción. Frente a ello, Zunzunegui dice: «Por el contrario, en *El cuarto mandamiento* el relato se abrirá bajo el explícito dominio de la palabra hablada...» (Cátedra, 2005, p. 120). Y se refiere, claro está, al plano-secuencia en profundidad de campo. Todo ello conduce a una voz narradora que explique lo que acontece, dando a la palabra, material expresivo del teatro y la literatura, el sentido que tuvieron en *Ciudadano Kane* las imágenes del comienzo de la película.

Sobre *Otelo*, cabe decir que Welles tuvo la genialidad de presentar una ciudad ideal inexistente construida con planos de edificios y calles de diferentes ciudades. La razón de los cambios de escenarios tuvo que ver con la suspensión varias veces del rodaje por dificultades financieras. Fue el célebre maestro Kuleshov quien había utilizado esa técnica de montaje donde diferentes ciudades, al ir ensambladas en planos sucesivos, daban la impresión de ser una sola. Welles demuestra que tiene un genial antecedente en esta técnica, pero no resta, en absoluto, su maestría al crear una ciudad con múltiples imágenes que revelan (sin que nos demos cuenta) distintos lugares.

Otra película que contiene planos largos fue *Campanadas a medianoche* (1965). No solo hay planos que duran varios minutos, sino que se filtra el mundo teatral que contiene como raíz la película. Para Welles, como ya mencioné, el teatro era su cuna, su verdadero origen. Por ello, ofrece secuencias donde puede verse teatro dentro del teatro: la escena de Falstaff y Hal parodia las relaciones entre el rey y su hijo y en la que los dos personajes intercambian sus papeles respectivos en el interior de la representación.

Pero no hay ninguna escena que pueda seducirnos tanto en la película como la de la batalla de Shrewsbury que enfrenta a las fuerzas sublevadas mandadas por Harry Percy y las que sostienen el poder de Enrique IV. Welles desarrolla en una secuencia de más de seis minutos de duración un verdadero poema visual.

Ciudadano Kane (1941). Película con Orson Welles y Joseph Cotten.
© AF archive/Alamy Stock Photo/Cordon Press.

EL MONTAJE.
LA CLAVE ARTÍSTICA PARA ORSON WELLES

Si el plano era importante para Welles, el verdadero trabajo creativo del director se llevó a cabo en la sala de montaje. El mismo Welles lo reconoció en muchas entrevistas, en una de ellas, realizada por André Bazin, en *Cahiers du Cinema* (concretamente, aparece en los números 84 y 87 de la citada revista, donde aparecen otras interesantes entrevistas realizadas por Bazin, Charles Bitsch y Jean Domarchi), dice lo siguiente ante la pregunta que le hace Bazin: «¿Concede tanta importancia al montaje porque está un poco olvidado actualmente o bien porque es realmente para usted el fenómeno mismo del cine?». El gran realizador contesta: «No puedo creer que el montaje no sea esencial para el director desde el momento en que mediante él controla completamente la forma de su filme». Dice también al respecto: «El único lugar en el que ejerzo un control absoluto es la sala de montaje: allí el director es en potencia el verdadero artista, pues yo creo que un filme no es bueno más que en la medida en que el director llega a hacerse con los diferentes materiales y no me contenta simplemente con llevarlos a buen puerto» (recogido del libro *Orson Welles* de André Bazin, Paidós, 2002, p. 165).

Para Welles, como le confiesa después a Bazin en la misma entrevista, el montaje tiene que ver con el oído, es como una partitura, el director de cine es el director de orquesta que tiene que encontrar la armonía de la música y llevarla a cabo mediante la orquesta adecuada.

Hay algo muy interesante que debemos conocer, me refiero al proceso de montaje. Si en el cine clásico era una labor esencialmente llevada a cabo por el montador, hoy día es en el laboratorio donde se asume el delicado trabajo del negativo filmado. Toda la elaboración del montaje se llevaba a cabo por un solo hombre en el pasado: el descarte de ese negativo y su archivo, la complicada confección del copión del trabajo, el corte y ensamble del doblaje, la sonorización y el montaje de las bandas de mezclas, el meticuloso corte del negativo, la preparación de los trucajes, etc.

Como vemos, todo un mundo del que apenas los espectadores, incluso los muy aficionados al cine, conocemos en su extenso desarrollo.

No solo el montaje es clave para Welles, es importantísima también la posición de la cámara, la profundidad de campo. Como muy bien mencionaba Bazin en su libro sobre Welles, este, con el estiramiento en profundidad de la imagen unido a unas tomas casi constantemente en contrapicado, crea en todas sus películas una impresión de tensión y conflicto, tales como si la imagen fuera a desgarrarse.

El uso de los techos para cerrar más los espacios, convertirlos así en claustrofóbicos (clave en películas como *Ciudadano Kane*, *El cuarto mandamiento*, *Sed de mal* o *El proceso*), es fundamental entre las técnicas utilizadas por el genial Orson Welles.

Termino este acercamiento al montaje recordando lo que para Welles fue una necesidad: dominar el momento en que la película ha de montarse. Es en ese instante donde la creación cobra todo su sentido, donde el artista se siente verdaderamente libre y donde la película se define, se hace realidad.

LA LUZ Y EL SONIDO: ELEMENTOS TÉCNICOS Y ARTÍSTICOS FUNDAMENTALES EN LA OBRA DE WELLES

Quiero dedicar un último apartado a aspectos tan importantes como la luz y el sonido en el cine de Orson Welles.

En *Otelo*, el director utiliza la luz para marcar toda la atmósfera onírica de la película: los barrotes que imposibilitan el acceso a ciertos espacios, los bosques de columnas entre los que se pierden los personajes, la diminuta luz de la habitación de Otelo y Desdémona que contrasta con el perfil de la fortaleza de Chipre, el vaho (como si fuese niebla que cae sobre nuestros ojos) de un baño turco que oculta las intenciones asesinas de la pareja protagonista.

Son muy importantes las sombras que persiguen al moro de Venecia, son espacios que inundan la imagen hasta llenarla de oscuridad, como ocurre en la noche del crimen cuando la negra sombra de Otelo se proyecta sobre la habitación en la que Desdémona se prepara para acostarse en las sábanas nupciales que ha mandado preparar a Emilia.

¿Qué decir del sonido de la película? Para reflejar el drama claustrofóbico, Welles utiliza el ruido del viento (presagio de la tragedia), el rugido de los cañones, el rumor del mar tempestuoso, los ruidos secos de las puertas que se cierran, el tañer de las mandolinas, comprenden todos ellos un mundo sonoro que refleja el dramatismo de la película, su fantasmagórico mundo.

No hay que olvidar que *Otelo* está marcado por una escenografía visual que se acerca mucho a la pintura de Tintoretto, donde se usa mucho el claroscuro para enfatizar el contraste entre las luces y las sombras. Lo mismo ocurre en la película, todo el mundo de los personajes está marcado por los contrastes entre la luz y la oscuridad.

En *Sed de mal*, una de las películas, en mi opinión, más importantes de Welles y más logradas del gran realizador, se utiliza el sonido con singular maestría. Un caso sobresaliente de este uso es el final de la película, cuando Vargas (Charlton Heston) lleva instalado un micrófono con un magnetófono con la finalidad de grabar la posible confesión de Quinlan (Welles) sobre la corrupción que este ha llevado a cabo. Se oyen las perforaciones petrolíferas (el ruido ambiente de una América poderosa). Este mundo sonoro revela la importancia de la palabra como descubrimiento de la verdad, ya que lo que no se dice no existe como prueba del delito para Vargas.

La música de la película fue encargada a Henry Mancini, famoso músico del cine, de tantas películas memorables. Parece ser que Welles no pudo controlar parte de la música de la película, pero sí reveló que Mancini hizo un buen trabajo.

Otro importante uso de la banda sonora fue el que Welles utilizó para *La dama de Shangai* (1948). Se puede ver muy bien en la escena de yate en la que el diálogo entre Elsa y Michael sucede sobre un fondo sonoro proporcionado por un *jingle* y un comercial radiofónico. Como podemos deducir, este guiño del realizador es absolutamente identificable con el Orson Welles vinculado al mundo de la radio. Se habla en ese anuncio sonoro de un producto de peluquería, que tiene mucho que ver con la cabellera rubia platino de Rita Hayworth en el filme.

En *El proceso*, la música clásica tiene algún momento realmente imponente. Tal es así que en la escena en que Joseph K. va a abandonar el teatro en el que ha sido abordado por el inspector y los dos verdugos, suena en la banda sonora el Adagio de Tommaso Albinoni, como si la tristeza que se desprende de la música del gran compositor fuese también la de K. en su absurda peripecia vital.

Y no hay que olvidar, para terminar, que a Welles le interesa mucho la voz en *off*, ya que, en el fondo, el genial director cuenta historias donde la imagen y la palabra convergen hasta dar un sentido fascinante a la realidad.

En *Ciudadano Kane* (1941), *La dama de Shangai* (1948) y en otras películas del director, la voz en *off* sirve para recordarnos el mundo de la palabra, que un hombre crecido en el teatro y en la radio nos ofrece para desvelar el enigma que poseen las fascinantes imágenes de sus películas.

El caso contrario de la perfección que tuvieron muchos de sus filmes fue *Don Quixote*, una película que se rodó a lo largo de muchos años, ya que su rodaje fue interrumpido en muchas ocasiones, desde los primeros escarceos de Welles para realizar la película, en 1955 en París, pasando al inicio del rodaje en México, en una abandono momentáneo de la postproducción de *Sed de mal* en julio de 1957 hasta la muerte de Francisco Reiguera (el actor que dio vida a don Quijote) y de Akim Tamiroff (Sancho en la película) ocurridos en 1969 y 1972, respectivamente. La película no se terminaría nunca, ya que Welles no acababa de montar todo lo que había rodado. Debido a ello, el estreno de la película en 1992 no fue el resultado del trabajo de montaje definitivo de Welles, sino un híbrido de filmaciones originales de la película con imágenes tomadas de la serie *Nella terra di Don Chisciotte* para la televisión italiana en 1961.

Queda algo de la grandeza de Welles en el filme: los planos de don Quijote y Sancho recorriendo grandes extensiones de terreno, filmadas en plano general, donde las siluetas se contemplan recostadas sobre el cielo.

La grandeza del director sigue presente, pero se puede ver con claridad que es una película inacabada, una creación que, por mucho esfuerzo que Welles pusiese en ello, no tiene la perfección y la maestría de sus grandes obras. No en vano, el gran realizador vio en el personaje de don Quijote ese hombre idealista, buscador de grandes empresas y de inquietantes aventuras, como fue, sin duda, él mismo.

Welles ha demostrado ser, por todo ello, uno de los más grandes realizadores de la historia del cine, figura irrepetible que descansa ya, por mérito propio, en el Olimpo del séptimo arte.

CONCLUSIÓN

Quiero terminar con unas palabras de Welles que regaló a César González Ruano, gran periodista y excelente creador de un estilo propio en la prensa española. Fue el 9 de mayo de 1954 y lo recoge la revista *Nickel Odeon* en su número homenaje a Welles (lo describe como un tipo humano impresionante, metro noventa, cerca de cien kilos, gran cabeza de pelo revuelto, perfil duro y a la vez chato, pequeños ojos de jabalí, cabeza con facciones de niño sin terminar) y en un momento de la entrevista que versaba sobre *Mister Arkadin*, le pregunta Ruano a Welles: «¿Qué le gusta más: el cine o la literatura?», este responde: «Me gusta más la literatura. Pero no sé... Cuando escribo tengo ganas de hacer cine. Cuando hago cine, ganas de escribir... Cuando hago las dos cosas, me gustaría hacer teatro. Siempre me atrae aquello que no estoy haciendo» (recogido de *Nickel Odeon*, octubre de 1999, p. 317).

Como podemos deducir, Welles era un inconformista, un hombre exigente que quiere serlo todo y siente la falta de tiempo, considera que una vida es demasiado corta para hacer todo aquello que pasa por su mente. Su forma de pensar es demasiado rápida para centrarse en una sola actividad.

Como los grandes genios, Welles revolucionó con una propuesta muy original de rodar el cine, con una visión muy personal de los planos, de la luz, de la música. Para el director, el cine representaba una ambición constante, donde su mayor objetivo era la sorpresa, el descubrimiento de nuevas formas, como lo era también la vida, extraña combinación de ficción y realidad. Si tuvo preferencias por la literatura, la música o el teatro frente al cine, en este último consiguió que todas sus ambiciones artísticas se fusionasen y encontrasen un lugar reservado solo para los más grandes. Así fue Orson Welles.

BIBLIOGRAFÍA UTILIZADA

- Bazin, André: *Orson Welles*. Ed. Paidós, Barcelona, 2002, pp. 105, 106, 165.
- González Ruano, César: «Conversación con Orson Welles», *Nickel Odeon*, octubre de 1999, n.º 16, Madrid (la entrevista fue realizada el 9 de mayo de 1954), p. 317.
- Marías, Javier: «El pequeño Mr. Welles», *Nickel Odeon*, octubre de 1999, n.º 16, Madrid, pp. 169, 172.
- Zunzunegui, Santos: *Orson Welles*. «Cátedra. Signo e Imagen», Cátedra, 1.ª ed., 2005, Madrid, pp. 46, 120, 151, 207.

Conclusión

LA SOLEDAD EN EL MUNDO DEL CINE

He querido en este libro hacer un repaso por algunas películas que han tratado el tema de la soledad, como la muy admirada *Muerte en Venecia* de Visconti, donde el protagonista admira en secreto a Tadzio, ese joven polaco del que se enamora secretamente. La soledad del personaje interpretado por Bogarde es un espejo del hombre que ha perdido todo, siempre unido a la cultura, ya no siente que pertenezca a un mundo en concreto, se halla solo ante la inminencia de la muerte.

También el cine de Scorsese refleja la soledad, en películas como *Taxi Driver* o *Toro salvaje*, seres que viven la deriva de sus soledades. El personaje de Travis vive en un Nueva York que lo cosifica, donde no se siente persona, lo que va derivando en una creciente locura, también La Motta en *Toro salvaje* refleja al hombre solitario que sufre su condena por no saber expresar sus sentimientos, tan solo con la violencia.

En las películas de Billy Wilder, vemos al americano medio que sufre una creciente soledad, la de ser invisible en una sociedad de arribistas y de gente sin escrúpulo, como se pudo ver en la magistral *El apartamento* con un Jack Lemmon inigualable.

El cine de Fritz Lang refleja personajes solitarios, seres heridos por la vida, como el que representó Edward G. Robinson en *La mujer del cuadro*, un personaje que parece soñar la vida, lo que le ocurre al patético protagonista de *Perversidad*, donde una mujer, la guapa Joan Bennet, lo utiliza para conseguir sus objetivos.

En el cine de David Lean podemos ver a esos seres olvidados, que triunfan, pero que arrastran una pena interior, como el que refleja O'Toole en *Lawrence de Arabia* o el Zhivago de la famosa novela de Pasternak llevada al cine por Lean.

En el cine italiano también podemos la soledad inmensa de unos personajes que deambulan por ciudades sin ser vistos, como los protagonistas de las películas de Antonioni, también visibles en el cine de Fellini, por ejemplo.

En el cine de Orson Welles vemos a los grandes personajes históricos que son realmente solitarios. También en la famosa película *Ciudadano Kane* podemos ver a un empresario que realmente está solo, grande por su poder, pero solo en un mundo despiadado.

Y, en el cine español, las películas de Víctor Erice reflejan a seres solitarios, como las niñas que juegan en un mundo de silencios en *El espíritu de la colmena*.

Mi intención ha sido profundizar en un cine que he amado, encontrando en estos personajes espejos de seres solitarios que reafirman la soledad del espectador, que mira la pantalla para inventar otras vidas y salir de la absurda realidad.

El amor por el cine está detrás de este libro, mi entusiasmo por el séptimo arte y por tantas películas que podrían estar presentes, pero he querido seleccionar las que más me han marcado como cinéfilo a lo largo de los años. Detrás de los personajes de estas películas, está también el niño que siempre fui y que creció con el cine para tener siempre ilusión en la vida.

Epílogo

EN COMPAÑÍA DE PEDRO G. CUETO

Pedro G. Cueto hace un profundo análisis de la soledad en el cine y a través del cine. Esa soledad que, en conexión con la existencia humana, está jalonada de pasiones, anhelos, bajezas y grandezas. Cueto aporta, así, una visión original que, más allá de lo estrictamente personal, alcanza una profundidad inusitada.

La soledad es un personaje, es un protagonista, es un antagonista. Cueto ha dado sentido, en el aspecto de la soledad, a lo que todos vemos en las películas tratadas, pero que quizá no habíamos sabido interpretar. La psicología de los personajes se expresa a través de las escenas, y de los personajes se trasluce la propia psicología de los autores. Cueto también transita la compleja senda de la conversión de la literatura en cine. Leer este libro le hará ver las películas con otros ojos. Ojos nuevos y entrenados, a la vez.

La soledad tiene muchas caras, y de muchas formas se ha mostrado en el cine. Pedro G. Cueto se mete en esa soledad multiforme para, desde dentro, sacar de ella las claves que componen las páginas de este libro. En última instancia, todos estamos solos. Incluso en compañía hay una soledad que nunca se vence si se lleva en el alma (acaso es la única posibilidad en los humanos). La soledad que también fue en los autores un vacío creador, un *big bang* de arte cinematográfico.

Este libro es, sin duda, *arte que no ha de morir nunca*.

David Zurdo

BIBLIOGRAFÍA ESENCIAL

- AROCENA, Carmen: *Víctor Erice*, «Cátedra. Signo e Imagen», Cátedra, Madrid, 1996.
- CASAS, Quim: *Fritz Lang*, «Cátedra. Signo e Imagen», Cátedra, Madrid, 1998.
- CROWE, Cameron: *Conversaciones con Billy Wilder*, Alianza, Madrid, 2012.
- GARCÍA-BERRIO HERNÁNDEZ, Antonio: *Otto Preminger*, «Cátedra. Signo e Imagen», Cátedra, Madrid, 2009.
- LÓPEZ GANDÍA, Juan: *Federico Fellini*, «Cátedra. Signo e Imagen», Cátedra, Madrid, 1999.
- MANN, Thomas: *Muerte en Venecia*, Destino, Barcelona, 1979.
- MARINIELLO, Silvestra: *Pier Paolo Pasolini*, «Cátedra. Signo e Imagen», Cátedra, Madrid, 1999.
- MONTERDE, José Enrique: *Martin Scorsese*, «Cátedra. Signo e Imagen», Cátedra, Madrid, 2000.
- MORENO CANTERO, Ramón: *David Lean*, «Cátedra. Signo e Imagen», Cátedra, Madrid, 1993.
- PEDRAZA, Pilar: *Federico Fellini*, «Cátedra. Signo e Imagen», Cátedra, Madrid, 1999.
- RADIGALES, Jaume: *Luchino Visconti, Muerte en Venecia*, Paidós Ediciones, Barcelona, 2001.
- WELLES, Orson: Revista *Nickelodeón*, número 16, Madrid, 1999.
- WILDER, Billy: *Nadie es perfecto* (entrevistado por Helmut Karasek), Mondadori, Barcelona, 1993.
- ZUNZUNEGUI, Santos: *Orson Welles*, «Cátedra. Signo e Imagen», Cátedra, Madrid, 2005.